Super Bible Word Games for Kids

© 2008 by Barbour Publishing, Inc.

ISBN 978-1-64352-840-3

All rights reserved. No part of this book may be reproduced or transmitted in any form or by any means without written permission of the publisher.

Scripture taken from the HOLY BIBLE, NEW INTERNATIONAL VERSION ®. NIV®. Copyright © 1973, 1978, 1984 by International Bible Society. Used by permission of Zondervan. All rights reserved.

Published by Barbour Books, an imprint of Barbour Publishing, Inc., 1810 Barbour Drive, Uhrichsville, OH 44683, www.barbourbooks.com

Our mission is to inspire the world with the life-changing message of the Bible.

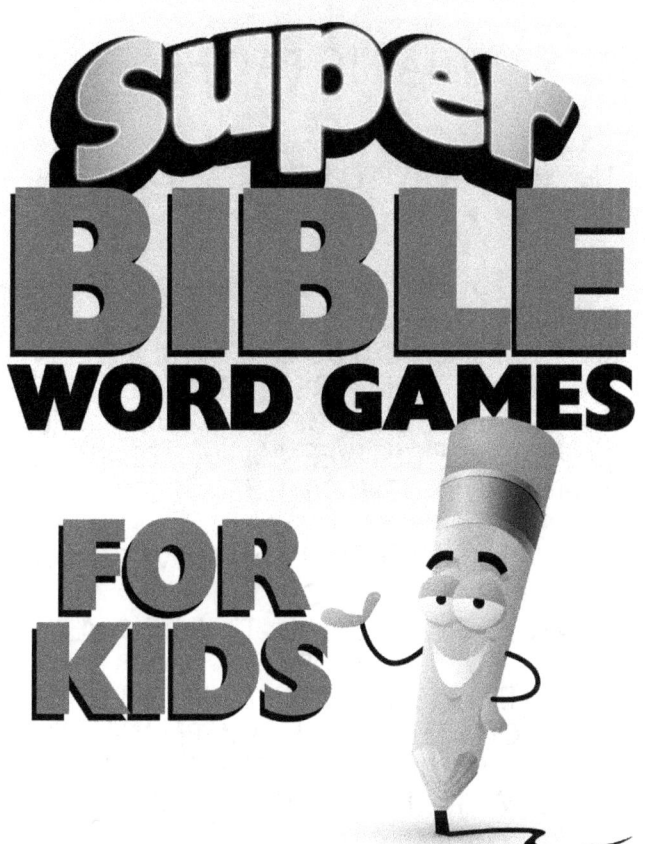

Super Bible Word Games for Kids

BARBOUR BOOKS
An Imprint of Barbour Publishing, Inc.

WHAT IS FAITH?

THE BEST WAY TO DESCRIBE FAITH IS TO LOOK AT WHAT IT IS NOT.

FAITH IS **NOT** A FEELING. FEELINGS CANNOT THINK AND THEY DO NOT KNOW THE DIFFERENCE BETWEEN THE PAST, THE PRESENT, AND THE FUTURE. FEELINGS DO NOT KNOW THE DIFFERENCE BETWEEN WHAT IS REAL, FANTASY, TRUTH, OR LIE.

IF YOU WATCH A SCARY MOVIE, YOU FEEL AFRAID. IF YOU WATCH A SAD MOVIE, YOU FEEL SAD. IT **FEELS** VERY REAL, BUT EVERYTHING YOU ARE WATCHING IS JUST MAKE-BELIEVE! NONE OF IT IS REALLY HAPPENING TO YOU, BUT YOUR FEELINGS SURE MAKE IT SEEM THAT WAY, DON'T THEY?

FEELINGS RESPOND TO WHAT ARE CALLED YOUR FIVE SENSES: THE SENSE OF SIGHT, HEARING, SMELL, TOUCH, AND TASTE.

FAITH, HOWEVER, IS BASED ON TRUTH AND FACTS THAT NEVER CHANGE. FAITH IS A CHOICE **AND** AN ACTION TO BELIEVE WHAT GOD SAYS IS TRUE AND TO TRUST HIM TO DO WHAT HE PROMISES IN HIS WORD.

THE OBJECT OF MY FAITH

FIND THE WORDS UNDERLINED BELOW IN THE WORD SEARCH ON THE NEXT PAGE.

"IN THE <u>BEGINNING</u> WAS THE <u>WORD</u>, AND THE WORD WAS WITH <u>GOD</u>, AND THE WORD WAS GOD....THE WORD BECAME <u>FLESH</u> AND MADE HIS <u>DWELLING</u> AMONG US. WE HAVE SEEN HIS <u>GLORY</u>, THE GLORY OF THE <u>ONE</u> AND ONLY, WHO CAME FROM THE <u>FATHER</u>, FULL OF <u>GRACE</u> AND <u>TRUTH</u>."

JOHN 1:1, 14

```
G W F A T H E R P W B K
Q O K P D H J Q R D E G
W T D G W J P Y H P G L
Y H F D H Y F H G Y I T
S T W R K P Q G S H N R
G L O R Y D T P F D N D
R D N H Y Q D K D Q I W
A Q E R T F F T P G N K
C O H D W E L L I N G Z
E N T G T Q E W Y K P T
P E F S P D S F G H Y J
R F D D Q H H G Q H S N
D Q R G H K Y W J S F S
Y O Y T F S G T H J W P
W W H F Q T R U T H T K
```

THE SHEPHERD

FIND THE WORDS UNDERLINED BELOW IN THE WORD SEARCH ON THE NEXT PAGE.

"'MY SHEEP LISTEN TO MY VOICE; I KNOW THEM, AND THEY FOLLOW ME. I GIVE THEM ETERNAL LIFE, AND THEY SHALL NEVER PERISH; NO ONE CAN SNATCH THEM OUT OF MY HAND.'"

JOHN 10:27-28

V	X	V	L	C	K	V	J	H	M	D	H
B	O	L	H	N	G	F	N	K	F	A	C
N	K	I	M	J	C	V	L	G	N	F	Z
V	L	S	C	X	Z	X	H	D	H	J	D
X	C	T	J	E	M	J	K	S	C	X	V
B	K	E	H	S	H	E	E	P	L	N	J
L	H	N	G	B	G	B	F	M	K	F	P
Z	Z	V	K	M	X	M	J	G	N	S	E
C	X	M	X	C	Z	H	V	X	G	D	R
S	J	N	G	Z	F	B	X	D	V	B	I
N	H	L	K	L	I	F	E	C	N	K	S
A	N	B	L	C	H	Z	M	N	L	D	H
T	J	M	F	K	N	D	F	Z	V	V	L
C	Z	G	F	O	L	L	O	W	C	Z	G
H	M	F	B	D	F	B	G	B	L	J	H

WORD LIST

FIND THE WORDS LISTED BELOW IN THE WORD SEARCH ON THE NEXT PAGE.

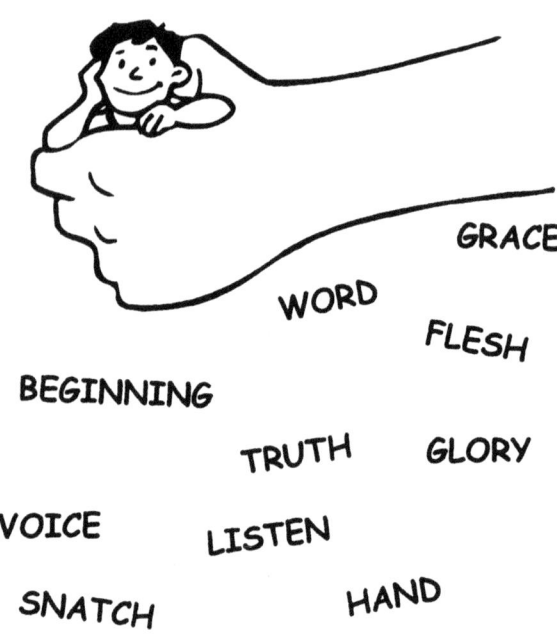

GRACE

WORD

FLESH

BEGINNING

TRUTH   GLORY

VOICE   LISTEN

SNATCH   HAND

```
S R P S E H A L L T E U
E G E J O A F W O R D L
R P R J H N J F Z U R D
V Q A A X D B E L T R T
A M L C C B M V R H I S
B B I P A E B I D H P T
T E R R V A N J L I T S
F T G L O R Y D M L D N
J K H I B B J E S I F A
T Y C N N E F L E S H T
O V Q E R N C G K T K C
G E O U J S I O I E B H
S J N I D V S N N N S L
P D B O C C T P G U H W
B E T P D E D E E K O B
```

WORD LIST

FIND THE WORDS LISTED BELOW IN THE WORD SEARCH ON THE NEXT PAGE.

FEAR
CLEANSE
CURTAIN
SONSHIP
PURE
NEAR
PRIEST
GUILTY
CLOTHE
TREAT

```
C L E A N S E O L M M Y
T F L Z R P B C D S D M
K M J R C E T R E A T P
A H S E U D R U T U B D
D F E A R I B R N W S B
M I N J T A P R I E S T
G T M J A B M U D H N R
U R N O I S T B C G Q S
I J Z G N E H U L U U O
L U A G N B N M O L S N
T D M M E I W E T B E S
Y G A C S P V C H X W H
N E L P P U C M E I O I
O S W R V R N D X U S P
M N E A R E J D H V R G
```

HE'S FROM ABOVE

USING THE LINES ON THE NEXT PAGE, UNSCRAMBLE THE UNDERLINED WORDS BELOW. THEN FIND THEM IN THE WORD SEARCH PUZZLE.

"BUT HE TCINONEDU, 'OYU ARE FROM EWBLO; I AM FROM VBEAO. YOU ARE OF THIS LWRDO; I AM NOT OF SIHT WORLD.'"

JOHN 8:23

W	B	N	R	J	I	S	E	A	D	E	B
O	D	T	W	E	R	J	U	V	O	S	N
R	R	F	P	J	O	J	G	B	R	V	A
L	Y	J	Q	D	H	T	O	B	U	C	B
D	C	O	N	T	I	N	U	E	D	T	O
F	S	O	B	P	Q	P	E	L	E	A	V
Z	E	G	C	E	G	R	O	O	A	F	E
X	R	U	T	A	N	I	H	W	B	J	S
C	O	P	K	T	H	I	S	Y	B	B	T
Y	A	B	Y	L	T	N	T	D	E	M	D

LOOK TO THE SON

USING THE LINES ON THE NEXT PAGE, UNSCRAMBLE THE UNDERLINED WORDS BELOW. THEN FIND THEM IN THE WORD SEARCH PUZZLE.

"'FOR I HAVE COME DOWN FROM <u>HNEVAE</u> NOT TO DO MY WILL BUT TO DO THE WILL OF HIM WHO <u>TENS</u> ME. AND THIS IS THE WILL OF HIM WHO SENT ME, THAT I SHALL <u>SOLE</u> NONE OF ALL THAT HE HAS <u>EVIGN</u> ME, BUT <u>SAERI</u> THEM UP AT THE LAST DAY. FOR MY FATHER'S WILL IS THAT EVERYONE WHO LOOKS TO THE SON AND <u>ELEBSIEV</u> IN HIM SHALL HAVE ETERNAL LIFE, AND I WILL RAISE HIM UP AT THE LAST DAY.'"

JOHN 6:38-40

_____   _____

_____   _____

_____   _____

```
L V P K A B M X Y B B T
K A B E L I E V E S M D
J N R J I S E A D E B L
H T W E R A I S E S N B
E F P J O J G B R V S F
A J Q D N T O B U C E E
V T M E C C P L B T N V
E O V P Q P E O E A T I
N I C E G R O S A F Q J
G S T A N I H E B J S D
```

HE IS THE BREAD OF LIFE

FIND THE WORDS UNDERLINED BELOW IN THE WORD SEARCH ON THE NEXT PAGE.

"'NO ONE HAS <u>SEEN</u> THE <u>FATHER</u> EXCEPT THE <u>ONE</u> WHO IS <u>FROM</u> GOD; ONLY HE HAS SEEN THE FATHER. I <u>TELL</u> YOU THE <u>TRUTH</u>, HE WHO BELIEVES HAS <u>EVERLASTING</u> LIFE. I AM THE <u>BREAD</u> OF <u>LIFE</u>.'"

JOHN 6:46–48

```
B P E K E O L B G E W O
P R P T O R E L I F E U
Y F E L H V M R F T R L
T G A A I B T E L L R D
R S E L D I B I D H G T
E P L P F A N D L N P S
W T F R V B T E I S T K
Q R R I B B P T S E K S
O W O D B F S H E R D E
N H M N C A Q H K T V E
E D A C L T R U T H H N
G M Q R E H T N W I K L
F R E O Y E D T T U B N
T V I O N R L D W I L O
E D B M S E K T R E H L
```

WORD LIST

FIND THE WORDS LISTED BELOW IN THE WORD SEARCH ON THE NEXT PAGE.

WORK

EARTH

GLORY

GLORIFY

FAITH

BEGAN

DOOR

COMPLETING

JESUS

CHRIST

PRESENCE

MAN

```
C O M P L E T I N G M D
T F L R R P B C D S O M
K M J E J E A Q D O S P
A H S S P D R C R U B D
D A R E A R T H N W S G
M I N N S A T R T S T L
E T M C V B M I D W N O
U R J E S U S S C O Q R
T J Z G G E H T M R U I
E U A G N B N M E K S F
G L O R Y E W E X B E Y
O G A C S G V C A X W R
N E N P P A C M S I O D
O A W R V N F A I T H X
M N Y I E X J D H V R G
```

WORD LIST

FIND THE WORDS LISTED BELOW IN THE WORD SEARCH ON THE NEXT PAGE.

HEAVEN
BELOW
WORLD
FAITH
RAISE
LOSE
SENT
BELIEVES
BREAD
GLORY
EARTH
EVERLASTING

```
W A S E N T D A Q D E S
R D A R G V I R U T U B
T R A I S E A B R E A D
U E T M J V B T I T S T
X U R N O O S M U D H N
E V E R L A S T I N G Q
A E U A G N S H U M U U
R R F M M E B N M E L S
T O A A W O R L D X B H
H N I L P P R V C A E E
M O T W R V I C M S L A
L M H Y L O S E D X O V
C Y E C G L O R Y H W E
T F L Z R P M O L M M N
K B E L I E V E S S D M
```

23

WORD LIST

FIND THE WORDS LISTED BELOW IN THE WORD SEARCH ON THE NEXT PAGE.

WILL

BEGAN

GOOD

ENTER

DWELLING

LOVE

DEATH

ANGELS

HEIGHT

DEPTH

CREATION

SEPARATE

```
A O S W R V A T Q D E S
C M N Y I E A N G E L S
R Y E C D I S T R N W S
E F L Z D E A T H T S E
A M O R J Y B E G A N P
T H V E W T I B B C G A
I A E G I E R H U M R
O I N J L S I E M E L A
N T M J L D B I E X B T
U R N O O X X G C A X E
T G O O D A M H M S I O
E U A G N P B T D X U S
R D W E L L I N G H V R
O G A C S D E P T H M Y
N E N T E R B C D S D M
```

25

ASK YOURSELF

WHAT HAVE YOU LEARNED SO FAR? FIND OUT BY ANSWERING THE QUESTIONS BELOW.

1. WHO WAS IN THE BEGINNING?
   JOHN 1:1, 14

   _____

2. WHO WAS THE WORD WITH?
   JOHN 1:1, 14

   _____

3. WHO WAS THE WORD?
   JOHN 1:1, 14

   _____

4. WHERE DID JESUS SAY HE WAS FROM?

JOHN 6:38

___

5. WHOSE SON DOW JESUS SAY HE IS?

JOHN 6:38

___

6. WHO WAS THE WORD?

JOHN 6:38

___

BELIEVE IN JESUS

USING THE LINES ON THE NEXT PAGE, UNSCRAMBLE THE UNDERLINED WORDS BELOW. THEN FIND THEM IN THE WORD SEARCH PUZZLE.

"THEN USJES IDCER OUT, 'WHEN A MAN SBEEVLEI IN ME, HE DOES NOT BELIEVE IN ME ONLY, BUT IN THE ONE WHO NSTE ME. WHEN HE OLKOS AT ME, HE ESES THE ONE WHO SENT ME.'"

JOHN 12:44–45

```
C O B P Q P E R E A C I
E R C E G R O J A F Q J
R S I A N I H S E N T D
V P K E B M E Y B B T E
S B Y L D V T D E M D E
E R J I E E A J E B L G
E W E I J U V O E N B O
S P L O J G B R V S F S
J E D H T O B U C J U P
B M E C L O O K S P V S
```

JESUS IS THE WAY

USING THE LINES ON THE NEXT PAGE, UNSCRAMBLE THE UNDERLINED WORDS BELOW. THEN FIND THEM IN THE WORD SEARCH PUZZLE.

"JESUS <u>DAENRSEW</u>, 'I AM THE <u>YWA</u> AND THE TRUTH AND THE LIFE. NO ONE <u>SCEOM</u> TO THE FATHER EXCEPT THROUGH ME. IF YOU <u>YRLELA</u> KNEW ME, YOU WOULD KNOW MY FATHER AS WELL. FROM <u>OWN</u> ON, YOU DO <u>WNKO</u> HIM AND HAVE SEEN HIM.'"

JOHN 14:6–7

```
S O B P Q P E K N O W I
E G C E G R O J A F Q J
R W A Y N I H D B J S D
V P K A B M E Y B B T E
A B Y L T R T D E M D C
N R J I E E A N O W L O
T W E W J U V O S N B M
F P S O R E A L L Y F E
J N D H T O B U C J E S
A M E C C P L B T P V E
```

_____   _____

_____   _____

_____   _____

HE LAID DOWN HIS LIFE

FIND THE WORDS UNDERLINED BELOW IN THE WORD SEARCH ON THE NEXT PAGE.

"'THE <u>REASON</u> MY FATHER <u>LOVES</u> ME IS THAT I <u>LAY</u> DOWN MY <u>LIFE</u>—ONLY TO TAKE IT UP AGAIN. NO ONE <u>TAKES</u> IT FROM ME, BUT I LAY IT DOWN OF MY OWN <u>ACCORD</u>. I HAVE <u>AUTHORITY</u> TO LAY IT DOWN AND AUTHORITY TO TAKE IT UP AGAIN. THIS <u>COMMAND</u> I <u>RECEIVED</u> FROM MY FATHER.'"

JOHN 10:17–18

```
N D G R B B P A T R E O
G M I E B A C C G E W L
F R B A C E Q C X S K O
T H K S R S I O F T R V
O D T O E V T R S S R E
P L L N Y C D D D H I S
H A U T H O R I T Y P T
F Y L H S E K C M S T A
G L P U O L B F S L K K
S W R O R E L E E I D E
R E C E I V E D K F V S
T A D I B K V T I E H I
R H N T I B I N W I K L
W A C O M M A N D U B N
H Q R V B T A D W I L O
```

WORD LIST

FIND THE WORDS LISTED BELOW IN THE WORD SEARCH ON THE NEXT PAGE.

LORD
SIN
CRIED
KING
ANSWERED
COMMAND
AUTHOR
VINE
PURPOSE
FORGIVEN
FREEDOM
MESSIAH

```
F Y E C D A M O L M M L
T O L Z R P B C D S O M
K C R I E D A Q D R S P
A H S G P D R U D U B D
C P R G I I B R N W S B
O U N J S V T I K I N G
M R M J V B E U D H N A
M P N O O S T N C G Q U
A O Z G G E H U M U U T
N S A G N A N V E L S H
D E M M I I W I X B E O
O G A S S R V N A X W R
N E S P P I C E S S O D
O E F R E E D O M U I X
M A N S W E R E D V R N
```

HE IS ALIVE

FIND THE WORDS UNDERLINED BELOW IN THE WORD SEARCH ON THE NEXT PAGE.

"ON THE <u>EVENING</u> OF THAT FIRST DAY OF THE WEEK, WHEN THE <u>DISCIPLES</u> WERE TOGETHER, WITH THE <u>DOORS</u> LOCKED FOR <u>FEAR</u> OF THE <u>JEWS</u>, JESUS CAME AND STOOD AMONG THEM AND SAID, '<u>PEACE</u> BE WITH YOU!' AFTER HE SAID THIS, HE SHOWED THEM HIS <u>HANDS</u> AND SIDE. THE DISCIPLES WERE <u>OVERJOYED</u> WHEN THEY SAW THE <u>LORD</u>."

JOHN 20:19–20

```
H M Q C E V T N W I K L
F A D O Y C D T T U B N
T H N O N T D O O R S O
O D B D S E K T R E H L
E E K E S L B L O R D G
V P T O R E L X S K U O
E Z J H V M R F D R L D
N A E I B K P E A C E R
I E W T I B Y D H I T D
N L S F A O D L F P S A
G W R V J T E M E T K M
R Y I R B P K S A K T B
W A E B A C H E R D Y I
H V N C E Q H K T V N T
O A D I S C I P L E S L
```

WORD LIST

FIND THE WORDS LISTED BELOW IN THE WORD SEARCH ON THE NEXT PAGE.

REASON

LAW

BURDENED

NEW

YOKE

PERFECT

POWER

ACCORD

WAY

SLAVERY

FREE

OLD

```
M N J Z G D I B R Y Z I
N E U A G F A T I O X U
B W D M M G B M U K X V
C O S L A V E R Y E C M
C N E L P G E H U M V D
T O A C C O R D M F E P
L M N Y I E I W E R U O
A Y E C D S R V C E W W
W F R E A S O N M E S E
M M J R J V B N D X H R
E H B U R D E N E D G Q
X A R G V A M O L M W U
O I N J S P B C D S A S
L T P E R F E C T H Y E
D R N O J D R U T U X W
```

THROUGH THE SON

USING THE LINES ON THE NEXT PAGE, UNSCRAMBLE THE UNDERLINED WORDS BELOW. THEN FIND THEM IN THE WORD SEARCH PUZZLE.

"FOR IF, WHEN WE WERE GOD'S <u>SEIENEM</u>, WE WERE <u>DRLEECIOCN</u> TO HIM THROUGH THE <u>TDHEA</u> OF HIS SON, HOW MUCH <u>EORM</u>, HAVING BEEN RECONCILED, SHALL WE BE <u>ESDAV</u> THROUGH HIS <u>FLEI</u>!"

ROMANS 5:10

```
S O B P Q P D R E A C I
B L I F E R E J A F Q J
R S T A N I A D B J S D
U P E A B M T Y B B T S
A B N L T N H D E M D A
K R E C O N C I L E D V
T W M R J U V O S N B E
F P I O J G B R V S F D
J Q E H T M O R E J E P
T M S C C P L B T P V E
```

JESUS SET ME FREE

FIND THE WORDS UNDERLINED BELOW IN THE WORD SEARCH ON THE NEXT PAGE.

"JESUS REPLIED, 'I TELL YOU THE TRUTH, <u>EVERYONE</u> WHO <u>SINS</u> IS A SLAVE TO SIN. NOW A <u>SLAVE</u> HAS NO PERMANENT PLACE IN THE <u>FAMILY</u>, BUT A SON <u>BELONGS</u> TO IT <u>FOREVER</u>. SO IF THE <u>SON</u> SETS YOU <u>FREE</u>, YOU WILL BE FREE <u>INDEED</u>.'"

JOHN 8:34–36

```
G M Q P F N T L D W I S
F A M I L Y E K T R O D
T H M I B O L B G N W V
O D N N J R E L X S K H
P E B D G V M R F T R K
H P V E T B K V S I N S
F Z C E F I B I D H J L
G B X D B A N D L I F H
S E V E R Y O N E S O O
P L B M R B P K S E R U
T O K E E A C H E R E L
R N T O Y F R E E T V D
W G L H D S I T I N E T
H S L A V E T N W I R S
D A L T Z C D T T U T K
```

SINS OF THE WORLD

USING THE LINES ON THE NEXT PAGE, UNSCRAMBLE THE UNDERLINED WORDS BELOW. THEN FIND THEM IN THE WORD SEARCH PUZZLE.

"THE NEXT DAY <u>HJNO</u> SAW <u>ESUSJ</u> COMING TOWARD HIM AND SAID, '<u>KOLO</u>, THE <u>AMLB</u> OF GOD, WHO TAKES AWAY THE SIN OF THE <u>LWDOR</u>! . . . .I HAVE SEEN AND I <u>YTIEFST</u> THAT THIS IS THE SON OF GOD."

JOHN 1:29, 34

_____   _____

_____   _____

_____   _____

S	O	B	P	Q	P	E	R	E	A	C	I
E	G	C	E	G	R	O	J	W	F	Q	J
R	L	O	O	K	I	H	D	O	J	S	O
V	P	K	A	B	M	X	Y	R	B	T	H
A	B	Y	L	T	N	T	D	L	M	D	N
N	R	J	I	S	E	A	D	D	B	L	G
T	E	S	T	I	F	Y	O	S	N	B	O
F	P	J	O	J	G	B	R	V	S	F	S
J	E	S	U	S	O	B	L	A	M	B	P
T	M	E	C	C	P	L	B	T	P	V	E

PAID IN FULL

FIND THE WORDS UNDERLINED BELOW IN THE WORD SEARCH ON THE NEXT PAGE.

"BUT NOW THAT YOU HAVE <u>BEEN</u> SET <u>FREE</u> FROM <u>SIN</u> AND HAVE BECOME <u>SLAVES</u> TO GOD, THE BENEFIT YOU <u>REAP</u> LEADS TO <u>HOLINESS</u>, AND THE RESULT IS <u>ETERNAL</u> LIFE. FOR THE <u>WAGES</u> OF SIN IS <u>DEATH</u>, BUT THE <u>GIFT</u> OF GOD IS ETERNAL LIFE IN CHRIST JESUS OUR <u>LORD</u>."

ROMANS 6:22–23

```
E M Q E T I B K V S S R
F T G B W A G E S D H I
T H E N P F A N D F I P
B D B R E A P T E R S T
E E L U N B B P K E E K
E P O J D A A C H E R D
N Z R H N C L Q H K T V
G A D G C R S S T I N S
S E M V C E S T N W I L
S L V F D E A T H T U A
I W B V N N T L D W I V
N Y H I M S E K T R E E
W A L K E O L B G E W S
H O T T G I F T X S K U
H A R L H V M R F T R L
```

NAILED TO THE CROSS

FIND THE WORDS UNDERLINED BELOW IN THE WORD SEARCH ON THE NEXT PAGE.

"WHEN YOU WERE DEAD IN YOUR SINS AND IN THE UNCIRCUMCISION OF YOUR SINFUL NATURE, <u>GOD</u> MADE YOU <u>ALIVE</u> WITH <u>CHRIST</u>. HE <u>FORGAVE</u> US <u>ALL</u> OUR <u>SINS</u>, HAVING CANCELED THE WRITTEN CODE, WITH ITS REGULATIONS, THAT WAS AGAINST US AND THAT STOOD <u>OPPOSED</u> TO US; HE TOOK IT <u>AWAY</u>, <u>NAILING</u> IT TO THE <u>CROSS</u>."

COLOSSIANS 2:13–14

```
G M Q C E V T N S I K O
O R G H Y C D T I U B P
D H I R N T L D N I L P
O D B I S E K T S E H O
P E K S O L B G E W O S
H P T T R E L X S K U E
F Z L H V M R F T R L D
G A T A W A Y O S R D R
S L L T I B I R H I T D
P I P F A N D G I P S A
T V R V S T E A S T K M
R E I S B P K V E K T B
W A O B A C H E R D Y I
H R N C L Q H K T V N T
C A C R L N A I L I N G
```

WORD LIST

FIND THE WORDS LISTED BELOW IN THE WORD SEARCH ON THE NEXT PAGE.

LOVE
PEACE
FRUIT
SPIRIT
PATIENCE
HAPPY
KINDNESS
JOY
GOODNESS
FAITHFUL
GENTLE

```
M L Y E C D A M J O Y M
N O F L P R P B C K S D
B V M J E J A A Q I E S
G E H S A P T R U N U B
O D A R C V I B R D W S
O M I N E S E T I N S T
D E T M J V N M U E H N
N U R N O O C T B S G Q
E G E N T L E H U S U U
S E U A G N B N M E L F
S R D M M E I W E Y B R
F A I T H F U L C A X U
R N E L P P I C M S I I
H A P P Y V B N D X U T
Y M N Y I S P I R I T R
```

51

ASK YOURSELF

WHAT HAVE YOU LEARNED SO FAR? FIND OUT BY ANSWERING THE QUESTIONS BELOW.

1. HOW DID JOHN THE BAPTIST DESCRIBE JESUS?

    JOHN 1:29

    _____

2. WHAT IS THE SIN OF THE WORLD?

    JOHN 16:9

    _____

3. WHAT DO YOU HAVE IF YOU BELIEVE IN JESUS?

    JOHN 5:24

    _____

4. WHAT DID GOD DO ABOUT YOUR SINS?

1 JOHN 2:12

_____

5. HOW WERE YOU SINS FORGIVEN?

ROMANS 5:10

_____

6. DID JESUS DIE FOR ALL YOUR SINS?

COLOSSIANS 2:13

_____

I HAVE LIFE

USING THE LINES ON THE NEXT PAGE, UNSCRAMBLE THE UNDERLINED WORDS BELOW. THEN FIND THEM IN THE WORD SEARCH PUZZLE.

"'THE <u>ETFHI</u> COMES ONLY TO <u>ASLTE</u> AND <u>LKLI</u> AND <u>RDYEOST</u>; I HAVE <u>MCEO</u> THAT THEY MAY HAVE LIFE, AND HAVE IT TO THE <u>LFLU</u>.'"

JOHN 10:10

```
C O M E Q P E R E A C I
E G C E G R O J A F Q J
R K T A N I H D B J S D
V I K A B M X E B B T E
A L Y L T N T S E M E E
N L J I S E A T E B A G
T H I E F U V R S N L O
F P J O J G B O V S F S
J Q D H T O B Y C J E P
F U L L C P L B T P V E
```

I BELIEVE

FIND THE WORDS UNDERLINED BELOW IN THE WORD SEARCH ON THE NEXT PAGE.

"'I <u>TELL</u> YOU THE TRUTH, <u>WHOEVER</u> <u>HEARS</u> MY <u>WORD</u> AND <u>BELIEVES</u> HIM WHO SENT ME HAS ETERNAL LIFE AND WILL NOT BE <u>CONDEMNED</u>; HE HAS <u>CROSSED</u> OVER FROM <u>DEATH</u> TO <u>LIFE</u>.'"

JOHN 5:24

```
G M Q C E W H O E V E R
F R G O Y C D T T U B N
T H I O N T E L L I L O
O D W M S E K T R E H L
P E O E O L B G E W O G
C C R O S S E D S K L O
F Z D H V M R F T R I D
G A T I B K V S S R F R
S E L T I B I H H I E D
C O N D E M N E D P S A
T W R E B T E A S T K M
R Y I A B P K R E K T B
W A D T A C H S R D Y I
H H N H E Q H K T V N T
D B E L I E V E S H I L
```

I AM BORN AGAIN

USING THE LINES ON THE NEXT PAGE, UNSCRAMBLE THE UNDERLINED WORDS BELOW. THEN FIND THEM IN THE WORD SEARCH PUZZLE.

"IN REPLY JESUS <u>EDDAERLC</u>, 'I TELL YOU THE TRUTH, NO ONE CAN SEE THE <u>OKMIDNG</u> OF GOD UNLESS HE IS <u>NBRO</u> AGAIN. . . . <u>HLSFE</u> GIVES <u>TB-HIR</u> TO FLESH, BUT THE SPIRIT GIVES BIRTH TO <u>ISTPRI</u>.' "

JOHN 3:3, 6

```
K O B P Q P E R E A C F
E I C E B I R T H F L J
R S N A N I H D B E S D
V P K G B M X Y S B T S
A B Y L D N T H E M D P
N R J I S O A D E B L I
T W E N J U M O S N B R
F P R O J G B R V S F I
J O D H T O B U C J E T
B M E D E C L A R E D E
```

NEW BIRTH

FIND THE WORDS UNDERLINED BELOW IN THE WORD SEARCH ON THE NEXT PAGE.

"<u>PRAISE</u> BE TO THE GOD AND FATHER OF OUR LORD JESUS <u>CHRIST</u>! IN HIS GREAT <u>MERCY</u> HE HAS GIVEN US NEW <u>BIRTH</u> INTO A LIVING <u>HOPE</u> THROUGH THE RESURRECTION OF JESUS CHRIST FROM THE <u>DEAD</u>... WHO THROUGH <u>FAITH</u> ARE <u>SHIELDED</u> BY GOD'S <u>POWER</u> UNTIL THE COMING OF THE SALVATION THAT IS READY TO BE <u>REVEALED</u> IN THE LAST TIME."

1 PETER 1:3, 5

```
P O W E R V T N W I H L
F R G O Y C D T T U O N
T H B I R T H D W I P O
O D B M S E K T R E E L
P R A I S E B G E W O G
H P T O R E L X S K U O
F Z L H S H I E L D E D
G A T I B K V S S R D R
S E L T I B I D H F T D
C L P F A N D L I A S A
H W R D B T E M S I K M
R E V E A L E D E T T E
I A D A A C H E R H Y R
S H N D E Q H K T V N C
T A C R S I T I N H I Y
```

I AM ALIVE

USING THE LINES ON THE NEXT PAGE, UNSCRAMBLE THE UNDERLINED WORDS BELOW. THEN FIND THEM IN THE WORD SEARCH PUZZLE.

"AND I WILL ASK THE EFRAHT, AND HE WILL GIVE YOU ANOTHER OCROLUENS TO BE WITH YOU FOREVER—THE SPIRIT OF HTTUR. THE WORLD CANNOT ACCEPT HIM, BECAUSE IT NEITHER SEES HIM NOR KNOWS HIM. BUT YOU KNOW HIM, FOR HE SLEIV WITH YOU AND WILL BE IN YOU.... BEFORE LONG, THE DWLOR WILL NOT SEE ME ANYMORE, BUT YOU WILL SEE ME. BECAUSE I LIVE, YOU ALSO WILL ELVI.' "

JOHN 14:16-17, 19

```
S O B P Q P L I V E S J
E G C E G R H D B J S D
R C O U N S E L O R T E
V P K A B M T T E M D E
A B Y L T N A R E B L G
L I V E M E V U S N B O
T W E R J U B T V S F S
F A T H E R B H C J E P
J Q D H T O L B T P V E
T M E C W O R L D C I L
```

I AM A NEW CREATION

USING THE LINES ON THE NEXT PAGE, UNSCRAMBLE THE UNDERLINED WORDS BELOW. THEN FIND THEM IN THE WORD SEARCH PUZZLE.

"ETRHOEFRE, IF NAENOY IS IN CHRIST, HE IS A WEN OCNRIETA; THE DOL HAS GONE, THE NEW HAS EOCM!"

2 CORINTHIANS 5:17

_____   _____

_____   _____

_____   _____

```
C O B P Q C E O T A C I
E O C E G R O R B N Q J
R S M A N E H J E Y S D
V P K E B A X D A O T E
O L D L T T T Y B N D E
N R J I S I A D B E L G
T W E R J O V D E N B O
F P J O J N B O N E W S
J Q D H T O B R S J E P
T H E R E F O R E P V E
```

CHRIST LIVES IN ME

FIND THE WORDS UNDERLINED BELOW IN THE WORD SEARCH ON THE NEXT PAGE.

"THE <u>MYSTERY</u> THAT HAS BEEN KEPT <u>HIDDEN</u> FOR AGES AND GENERATIONS, BUT IS NOW <u>DISCLOSED</u> TO THE <u>SAINTS</u>. TO THEM GOD HAS <u>CHOSEN</u> TO MAKE <u>KNOWN</u> AMONG THE GENTILES THE GLORIOUS <u>RICHES</u> OF THIS MYSTERY, WHICH IS <u>CHRIST</u> IN YOU, THE <u>HOPE</u> OF <u>GLORY</u>."

COLOSSIANS 1:26–27

```
G M Q C E V T N W I K S
F K N O W N D T T U B A
T H I O N T G L O R Y I
O D B M S E K T R E H N
P E K Y O L B G E W O T
H P T S R C H R I S T S
D Z L T V M R F T R L D
I A T E B K V S S R D R
S E L R I B I D H I T D
C L P Y A H D L I C S A
L W R V B T I M S H K M
O Y H O P E K D E E T B
S A D B A C H E D S Y I
E H N C E Q H K T E N T
D A C H O S E N N H N L
```

CHRIST LIVES THROUGH ME

FIND THE WORDS UNDERLINED BELOW IN THE WORD SEARCH ON THE NEXT PAGE.

"I HAVE BEEN <u>CRUCIFIED</u> WITH CHRIST AND I NO <u>LONGER</u> LIVE, BUT CHRIST <u>LIVES</u> IN ME. THE <u>LIFE</u> I LIVE IN THE <u>BODY</u>, I LIVE BY <u>FAITH</u> IN THE <u>SON</u> OF <u>GOD</u>, WHO <u>LOVED</u> ME AND GAVE <u>HIMSELF</u> FOR ME."

GALATIANS 2:20

```
H M Q C E V T N S O N L
I R G O Y C D T T U B N
M H I O N T L L W I L O
S D B O D Y K I R E O L
E E K E O L B V E W N G
L P T O L E L E S K G O
F Z L H O M R S T R E D
G A T I V K V S S R R R
S E L T E B I D H I T D
P L I F D N D L I P S A
T W F V B F A I T H K M
R Y E B B P K S E K T B
W A D B A C H E R D Y I
H H N C R U C I F I E D
G O D R S I T I N H I L
```

WORD LIST

FIND THE WORDS LISTED BELOW IN THE WORD SEARCH ON THE NEXT PAGE.

BEARS

CLEAN

PRUNES

GARDENER

REMAIN

THROWN

FRUITFUL

WITHERS

BURNED

DISCIPLES

OBEYED

```
C Y E R E M A I N M B Y
T F L Z R P B C D S E G
K R J R J E A Q D E A A
A U S T H R O W N U R R
D I R G V I B R N W S D
M T O B E Y E D T S T E
E F O H J N M E S H N N
C U N O O S T E C G Q E
L L Z G G E L U M U U R
E U A G N P N M E L S B
A D H W I T H E R S E L
N G A C S R V C A Z W R
N E S P P I C M S I O D
O I W R V B U R N E D X
D N Y P R U N E S V R G
```

71

WORD LIST

FIND THE WORDS LISTED BELOW IN THE WORD SEARCH ON THE NEXT PAGE.

LIVE
SEARCH
RICHES
MEDITATE
APOSTLE
PERFECTER
AUTHOR
EYES
ENDURED
SCORNING
SHAME
HAND

```
H A N D D A M O L M M Y
T F L Z R E N D U R E D
K M J R J E A Q D E S P
A P O S T L E U T U B D
U A R G V I B R N E S P
T I N J S A T I T Y T E
H T M E D I T A T E N R
O R N O O S T B C S Q F
R J Z G G E H U M U U E
E U R I C H E S E S S C
L D M M E I W E B H E T
I S C O R N I N G A W E
V E L P P I C M S M O R
E S W R V B N D E E S X
S E A R C H J D H V R G
```

ASK YOURSELF

WHAT HAVE YOU LEARNED SO FAR? FIND OUT BY ANSWERING THE QUESTIONS BELOW.

1. WHAT MUST HAPPEN BEFORE A PERSON CAN SEE THE KINGDOM OF GOD?

    JOHN 3:3

    _____

2. WHAT KIND OF BIRTH IS JESUS TALKING ABOUT?

    JOHN 3:6

    _____

3. HOW DO YOU BECOME A CHILD OF GOD?

    JOHN 1:12

    _____

4. ARE NATURAL BIRTH AND SPIRITUAL BIRTH THE SAME THING?

JOHN 1:13

_____

5. WILL JESUS EVER REJECT A PERSON WHO BELIEVES IN HIM?

JOHN 6:37-40

_____

6. ONCE YOU'VE BEEN BORN AGAIN, CAN YOU EVER DIE SPIRITUALLY?

JOHN 11:25-26

_____

HE WILL BEAR THE FRUIT

FIND THE WORDS UNDERLINED BELOW IN THE WORD SEARCH ON THE NEXT PAGE.

"'I AM THE <u>VINE</u>; YOU ARE THE <u>BRANCHES</u>. IF A <u>MAN</u> <u>REMAINS</u> IN ME AND I IN HIM, HE WILL <u>BEAR</u> MUCH <u>FRUIT</u>; <u>APART</u> FROM ME YOU CAN DO <u>NOTHING</u>.'"

JOHN 15:5

```
V M Q C E V T N W I K L
F I G O Y B E A R U B N
T H N O N T L D W N L O
O D B E S E K T R O H L
P E K E O F R U I T O G
H P T O R E L X S H U O
F Z L H V M R F T I L D
G R E M A I N S S N D R
S E L T I B E D H G T D
P L P F A H D L I P S A
T W R V C T E M S T K M
R M A N B P K S E K T B
W A A B A C A P A R T I
H R N C E Q H K T V N T
B A C R S I T I N H I L
```

KEEP MY EYES ON JESUS

USING THE LINES ON THE NEXT PAGE, UNSCRAMBLE THE UNDERLINED WORDS BELOW. THEN FIND THEM IN THE WORD SEARCH PUZZLE.

"LET US FIX OUR <u>SEEY</u> ON JESUS, THE <u>RUOAHT</u> AND <u>EPRETFRCE</u> OF OUR <u>TFHAI</u>, WHO FOR THE JOY SET BEFORE HIM <u>REDNEDU</u> THE CROSS, SCORNING ITS SHAME, AND SAT DOWN AT THE RIGHT HAND OF THE <u>NTEHOR</u> OF GOD."

HEBREWS 12:2

```
S O B P Q F E R E A C I
E Y E S G A O J A F Q J
R S T A N I H D B J S D
V P K A B T H R O N E A
A B Y L T H T D E M D U
P E R F E C T E R B L T
T W E R J U V O S N B H
F P J O J G B R V S F O
J E N D U R E D C J E R
T M E C C P L B T P V E
```

GOD IS MY FRIEND

USING THE LINES ON THE NEXT PAGE, UNSCRAMBLE THE UNDERLINED WORDS BELOW. THEN FIND THEM IN THE WORD SEARCH PUZZLE.

"ALL THIS IS FROM GOD, WHO <u>ERDELCOINC</u> US TO HIMSELF THROUGH CHRIST AND GAVE US THE <u>RMYITNSI</u> OF RECONCILIATION: THAT GOD WAS RECONCILING THE <u>LWDOR</u> TO HIMSELF IN CHRIST, NOT <u>NCGONUIT</u> MEN'S SINS AGAINST THEM. AND HE HAS <u>ECDOTMTMI</u> TO US THE <u>GMEEASS</u> OF RECONCILIATION."

2 CORINTHIANS 5:18–19

```
G T B P Q P E R E A C W
E M I N I S T R Y F Q O
R S T A N I H D B J S R
V P K A B M X Y B B T L
M E S S A G E D E M D D
N R J I S E A D E B L G
T C O U N T I N G N B O
F R E C O N C I L E D S
J Q D H T O B U C J E P
T M E C O M M I T T E D
```

GOD LOVES ME

FIND THE WORDS UNDERLINED BELOW IN THE WORD SEARCH ON THE NEXT PAGE.

"THIS IS HOW GOD <u>SHOWED</u> HIS <u>LOVE</u> AMONG US: HE <u>SENT</u> HIS ONE AND ONLY <u>SON</u> INTO THE <u>WORLD</u> THAT WE <u>MIGHT</u> LIVE THROUGH <u>HIM</u>. THIS IS LOVE: NOT THAT WE LOVED GOD, BUT THAT HE <u>LOVED</u> US AND SENT HIS SON AS AN <u>ATONING</u> SACRIFICE FOR OUR <u>SINS</u>."

1 JOHN 4:9–10

```
S M Q C E V T N W I K H
F O G O Y C D T T U I N
T H N O N T L D W M L O
O D S M S E K T R E H L
P E S E O L B G E W O O
H P E O R E L X S K U V
F Z N H L O V E D R L E
G A T I B K V S S R D R
S E L T I B I D H I T S
M I G H T N D L I P S H
T W R V D T E M S T K O
R Y I L B S I N S K T W
W A R B A C H E R D Y E
H O N C E Q H K T V N D
W A T O N I N G N H I L
```

I AM RESTORED TO GOD

FIND THE WORDS UNDERLINED BELOW IN THE WORD SEARCH ON THE NEXT PAGE.

"FOR GOD WAS <u>PLEASED</u> TO HAVE ALL HIS <u>FULLNESS</u> <u>DWELL</u> IN HIM, AND THROUGH HIM TO RECONCILE TO HIMSELF ALL <u>THINGS</u>, WHETHER THINGS ON <u>EARTH</u> OR THINGS IN <u>HEAVEN</u>, BY MAKING <u>PEACE</u> THROUGH HIS <u>BLOOD</u>, <u>SHED</u> ON THE <u>CROSS</u>."

COLOSSIANS 1:19–20

```
C M Q C E V T N W I K S
F R G H E A V E N U H N
T H O O N T L D W E L O
O D B S S E K T D E H L
P E K E S L B G E W O G
H P T O R E L X S B U O
F Z E A R T H F T L L D
G A T I B K V S S O D W
F U L L N E S S H O T E
P L P F A N D L I D S L
T W P L E A S E D T K L
R Y I C B P K S E K T B
W A A B A C H E R D Y I
H E N C E Q H K T V N T
P A C T H I N G S H I L
```

I AM A CHILD OF GOD

USING THE LINES ON THE NEXT PAGE, UNSCRAMBLE THE UNDERLINED WORDS BELOW. THEN FIND THEM IN THE WORD SEARCH PUZZLE.

"YET TO ALL WHO <u>VCDEIEER</u> HIM, TO THOSE WHO <u>LDEVIEBE</u> IN HIS NAME, HE GAVE THE <u>HRITG</u> TO BECOME <u>NLIRCEHD</u> OF GOD—CHILDREN <u>ONBR</u> NOT OF NATURAL DESCENT, NOR OF HUMAN DECISION OR A HUSBAND'S <u>LWLI</u>, BUT BORN OF GOD."

JOHN 1:12–13

S	O	B	P	Q	P	W	I	L	L	C	I
E	G	C	E	G	R	O	J	A	F	Q	J
R	S	C	C	H	I	L	D	R	E	N	D
R	P	K	A	B	M	E	Y	B	B	T	E
I	B	Y	L	T	V	T	D	E	O	D	E
G	R	J	I	I	E	A	D	E	R	L	G
H	W	E	E	J	U	V	O	S	N	B	O
T	P	C	O	J	G	B	R	V	S	F	S
J	E	D	H	B	E	L	I	E	V	E	D
R	M	E	C	C	P	L	B	T	P	V	E

I AM SAVED

FIND THE WORDS UNDERLINED BELOW IN THE WORD SEARCH ON THE NEXT PAGE.

"FOR IF, WHEN WE WERE <u>GOD'S ENEMIES</u>, WE WERE RECONCILED TO HIM <u>THROUGH</u> THE <u>DEATH</u> OF HIS SON, HOW MUCH MORE, HAVING BEEN <u>RECONCILED</u>, SHALL WE BE <u>SAVED</u> THROUGH HIS <u>LIFE</u>!"

ROMANS 5:10

```
G M Q C E V T N W I K L
O R G O Y C L I F E B N
D H I O N T L D W I L O
S D B M S E K T R E H L
P E T H R O U G H W O G
H P T O R E L X S D U O
S Z L H V M R F E R L D
A A T I B K V L S R D R
V E L T I B I D H D T D
E L P F A C D L I E S A
D W R V N T E M S A K M
R Y I O B P K S E T T B
W A C B A C H E R H Y I
H E N E M I E S T V N T
R A C R S I T I N H I L
```

I HAVE PEACE WITH GOD

FIND THE WORDS UNDERLINED BELOW IN THE WORD SEARCH ON THE NEXT PAGE.

"THEREFORE, SINCE WE HAVE BEEN <u>JUSTIFIED</u> THROUGH FAITH, WE HAVE <u>PEACE</u> WITH GOD THROUGH OUR LORD JESUS CHRIST, THROUGH WHOM WE HAVE <u>GAINED</u> <u>ACCESS</u> BY <u>FAITH</u> INTO THIS <u>GRACE</u> IN WHICH WE NOW <u>STAND</u>. AND WE <u>REJOICE</u> IN THE HOPE OF THE <u>GLORY</u> OF GOD."

ROMANS 5:1–2

```
G F A I T H T N W I K L
F R G O Y C D G L O R Y
T H I O N T L D W I L O
A C C E S S K T R E H L
P E K E O L B G E W O G
H P T O R E L R S K U R
J U S T I F I E D R L A
G A T I B K V J S R D C
S E L T I B I O H I T E
G A I N E D D I I S S A
T W R V B T E C S T K M
R Y I B B P K E E A T B
W A D B A C H E R N Y I
P E A C E Q H K T D N T
D A C R S I T I N H I L
```

WORD LIST

FIND THE WORDS LISTED BELOW IN THE WORD SEARCH ON THE NEXT PAGE.

SOBER

PRIDE

HIGHLY

YOURSELF

UNHOLY

PARENTS

CREATED

MEASURE

PRAISE

FULL

OPINION

COMMEND

```
P Y E C D A U O L M M Y
T R L Z R P N C P S D C
K M A R J E H Q A E S R
A H S I P D O U R U B E
D A R G S I L R E W S A
S O B E R E Y I N S T T
E T M J V B M U T H P E
M E A S U R E B S G R D
T J Z G G E N U M U I W
F U A G N O N M E L D B
U D M M I I W E X B E L
L G A N Y O U R S E L F
L E I P P I C M S I O D
O P W C O M M E N D S X
O N Y I H I G H L Y R G
```

WORD LIST

FIND THE WORDS LISTED BELOW IN THE WORD SEARCH ON THE NEXT PAGE.

- BLEMISH
- FIRM
- REMEMBER
- THANKS
- CALLED
- CONDEMNATION
- HOLY
- KINGS
- SACRIFICE
- TEST
- PLEASING

```
C Y P L E A S I N G M Y
B L E M I S H C D S D M
K M J R J E A Q D E S P
K H S E P D R U T U B D
I A R G R E M E M B E R
N I N J S A T I T S T F
G T M C A L L E D H N I
S A C R I F I C E G Q R
T J Z G G E H U M U U M
E H A G N B N M E L S W
C O N D E M N A T I O N
O L A C S R V C A X W N
N Y L P P I C T E S T R
O S W R V B N D X U S D
M N Y T H A N K S V R X
```

WORD LIST

FIND THE WORDS LISTED BELOW IN THE WORD SEARCH ON THE NEXT PAGE.

BODIES TRUST ACT PAST WORSHIP PATTERN RENEWING JUDGES TRANSFORMED FUTURE PRESENT

```
A Y E C D A M O L M M T
C F L Z R P B C D S D R
T M J P R E S E N T S U
A H S J U D G E S U B S
D A R G V I B R N W S T
M I N J S A W I T S T E
T R A N S F O R M E D R
U E N O O S R R M E D S
T N Z P G E S U M U U B
E E A A N B H M E L S O
R W M S E I I E X B E D
O I A T S R P C A X W I
N N L P P I C M S I O E
O G W R P A T T E R N S
M N Y F U T U R E V R G
```

ASK YOURSELF

WHAT HAVE YOU LEARNED SO FAR? FIND OUT BY ANSWERING THE QUESTIONS BELOW.

1. ONCE YOU HAVE BEEN BORN AGAIN, WHO LIVES THROUGH YOU?
GALATIANS 2:20

___

2. HOW DO YOU BEAR FRUIT?
JOHN 15:5

___

3. HOW DO YOU REMAIN IN JESUS?
HEBREWS 12:2

___

4. HOW DID GOD SHOW HIS LOVE FOR US?

1 JOHN 4:9-10

_____

5. WHO IS THE HOLY SPIRIT?

ACTS 5:1-4

_____

6. WHERE DID JESUS SAY THE HOLY SPIRIT WOULD LIVE?

JOHN 14:16-17

_____

I AM MADE HOLY

FIND THE WORDS UNDERLINED BELOW IN THE WORD SEARCH ON THE NEXT PAGE.

"BUT NOW HE HAS RECONCILED YOU BY CHRIST'S <u>PHYSICAL</u> BODY THROUGH DEATH TO PRESENT YOU <u>HOLY</u> IN HIS <u>SIGHT</u>, WITHOUT <u>BLEMISH</u> AND <u>FREE</u> FROM ACCUSATION—IF YOU CONTINUE IN YOUR FAITH, ESTABLISHED AND <u>FIRM</u>, NOT MOVED FROM THE HOPE HELD OUT IN THE <u>GOSPEL</u>. THIS IS THE GOSPEL THAT YOU <u>HEARD</u> AND THAT HAS BEEN PROCLAIMED TO EVERY <u>CREATURE</u> UNDER <u>HEAVEN</u>."

COLOSSIANS 1:22–23

```
G M Q C E V T N W I K L
B R G O Y C D S I G H T
L H I O N T L D W I L O
E D B M S C K T R E H L
M E K F I R M G E W O G
I P T R R E L X S H U P
S Z L E V A R F T O L H
H A T E B T V S S L D Y
S E L T I U I D H Y T S
P L P F A R D L I P S I
T W R V H E A V E N K C
R Y I B E P K S E K T A
W A D B A C H E R D Y L
H H N C R Q G O S P E L
D A C R D I T I N H I L
```

WORD LIST

FIND THE WORDS LISTED BELOW IN THE WORD SEARCH ON THE NEXT PAGE.

DARE

EYES

GRASS

COMPARE

PASS

FLOWERS

WITHER

STANDS

DESIRES

KINGDOM

WATER

FLESH

```
D Y F L O W E R S M M Y
A F L Z R P B C D S D C
R H W I T H E R D E S O
E H S E P D R U T U B M
D A R G V I W A T E R P
M I N J S A T I T S T A
F L E S H B M K D H N R
U R N O O S T I C G Q E
T J Z P G E H N M U U D
S U A A N B N G E L S E
T D M S E I W D X B E S
A G A S S R V O A E W I
N E L P P I C M S Y O R
D S G R A S S D L E S E
S N Y I E T J D H S R S
```

I BELIEVE

USING THE LINES ON THE NEXT PAGE, UNSCRAMBLE THE UNDERLINED WORDS BELOW. THEN FIND THEM IN THE WORD SEARCH PUZZLE.

"THEN THEY ASKED HIM, 'WHAT MUST WE DO TO DO THE <u>SOKWR</u> GOD <u>ERSERQIU</u>?' JESUS <u>EADNRSEW</u>, 'THE WORK OF GOD IS THIS: TO <u>VBEEELI</u> IN THE <u>EON</u> HE HAS <u>TSNE</u>.'"

JOHN 6:28–29

_____   _____

_____   _____

_____   _____

```
O O B P Q P S R E A C I
E N C E G R E J A R Q B
R S E A N I N D B E S E
V P K A B M T Y B Q T L
A N S W E R E D E U D I
N R J I S E A D E I L E
T W E K J U V O S R B V
F P R O J G B R V E F E
J O D H T O B U C S E P
W M E C C P L B T P V E
```

I AM BEING TRANSFORMED

FIND THE WORDS UNDERLINED BELOW IN THE WORD SEARCH ON THE NEXT PAGE.

"DO NOT <u>CONFORM</u> ANY <u>LONGER</u> TO THE <u>PATTERN</u> OF THIS WORLD, BUT BE <u>TRANSFORMED</u> BY THE <u>RENEWING</u> OF YOUR <u>MIND</u>. THEN YOU WILL BE ABLE TO <u>TEST</u> AND <u>APPROVE</u> WHAT GOD'S WILL IS—HIS GOOD, <u>PLEASING</u> AND <u>PERFECT</u> WILL."

ROMANS 12:2

```
T M Q C E V T N W I K M
F R G P E R F E C T I N
T H A O N T L D W N L O
O D B N S E K T D E H L
R E K E S L B G E W O O
E P A O R F L X S K U N
N Z P H V M O F T R L G
E A P I B K V R S R D E
W E R T I B M D M I T R
I L O F A R D L I E S A
N W V V O T E M S T D M
G Y E F B P K S T K T B
W A N B A C H E R E Y I
H O P L E A S I N G S T
C A P A T T E R N H I T
```

WORD LIST

FIND THE WORDS LISTED BELOW IN THE WORD SEARCH ON THE NEXT PAGE.

LORD

JESUS

CHRIST

CONFLICT

CONVICT

EVIDENCE

EXERCISE

UNBELIEF

GRATIFY

ABIDE

ATTITUDE

COMPETENT

```
C Y E C D L M O L M M A
T O L Z R O B C D S B M
K M N R J R A Q D I S P
E H U F P D R U D U B E
X A N G L I B E N W S V
E I B R S I T I T J T I
R T E A V B C U D E N D
C R L T O S T T C S Q E
I J I I G E T U M U U N
S U E F N C C M E S S C
E D F Y I I W H X B E E
O G A V S R V C R P W R
N E N P P I C M S I O D
O O A T T I T U D E S J
C C O M P E T E N T R T
```

WORD LIST

FIND THE WORDS LISTED BELOW IN THE WORD SEARCH ON THE NEXT PAGE.

RESCUE
OURSELVES
BODY
THANKS
SERVING
WRETCHED
NEW
OBJECT
ABUNDANCE
OLD

```
T Y E C B O D Y L M M R
H F L Z R P B C D S D E
A M J R J E A Q D E S S
N O U R S E L V E S B C
K A R G V O B R N W S U
S I N J S L T I T S T E
E T M J V D M U D H N R
U A B U N D A N C E Q S
T J Z G G E H U M U U E
E U A G N B N M N L S R
R O B J E C T E E B E V
O G A C S R V C W H W I
N E L P P I C M S I O N
O S W R V B N D X U S G
W R E T C H E D H V R G
```

I WILL LOVE OTHERS

USING THE LINES ON THE NEXT PAGE, UNSCRAMBLE THE UNDERLINED WORDS BELOW. THEN FIND THEM IN THE WORD SEARCH PUZZLE.

"AND THIS IS HIS NCDOAMM: TO BELIEVE IN THE MNEA OF HIS SON, JESUS SCTHIR, AND TO VLEO ONE EARNHOT AS HE ECDODMNMA US."

1 JOHN 3:23

_____ _____

_____ _____

_____ _____

```
S O N P Q P E R E A C C
E G A E G R O J A N Q O
R S M A N I H D B O S M
V P E A L O V E B T T M
A B Y L T N T D E H D A
C O M M A N D E D E L N
T W E R J U V O S R B D
F P J O J G B R V S F S
J Q C H R I S T C J E P
T M E C C P L B T P V E
```

CHRIST IS GREATER

FIND THE WORDS UNDERLINED BELOW IN THE WORD SEARCH ON THE NEXT PAGE.

"YOU, DEAR <u>CHILDREN</u>, ARE <u>FROM</u> GOD AND HAVE <u>OVERCOME</u> THEM, <u>BECAUSE</u> THE ONE <u>WHO</u> IS IN YOU IS <u>GREATER</u> THAN THE ONE WHO IS IN THE <u>WORLD</u>."

1 JOHN 4:4

```
G M Q C E V T N W C K L
B E C A U S E T T H B N
T H I O N T L D W I L O
O D B M S E K T R L H L
P E O E O L B G E D O G
H P V O R W L X S R U O
F Z E H V H R F T E L D
G A R I B O V S S N D R
S E C T I B I D H I T D
P L O F A N D L I P S A
T W M V W O R L D T F M
R Y E B B P K S E K R B
W A D B A C H E R D O I
G R E A T E R K T V M T
D A C R S I T I N H I L
```

WORD LIST

FIND THE WORDS LISTED BELOW IN THE WORD SEARCH ON THE NEXT PAGE.

BORN

AGAIN

ENTER

FLESH

SPIRIT

RECEIVE

HUSBAND

SONSHIP

HEIRS

SUFFER

JUSTIFIED

LIGHT

```
S Y E C A G A I N M M Y
T O L Z R E C E I V E H
K M N R J E A Q D E S U
A H S S P E N T E R B S
D S R B H I B R N S S B
M P N O S I T I T U T A
E I M R V B P U D F N N
U R N N O S T B C F Q D
T I S T N P Z D P E U W
E T A G N B N M E R S B
R D M M E F L E S H D L
O G A C S R V C A X W R
J U S T I F I E D I O D
O S W R V B N D X U S X
H E I R S X L I G H T G
```

GOD FIRST LOVED ME

USING THE LINES ON THE NEXT PAGE, UNSCRAMBLE THE UNDERLINED WORDS BELOW. THEN FIND THEM IN THE WORD SEARCH PUZZLE.

"THERE IS NO REAF IN LOVE. BUT CPTEERF LOVE SDVREI OUT FEAR, SBEEUCA FEAR HAS TO DO WITH NPTUENMIHS. THE ONE WHO FEARS IS NOT MADE PERFECT IN LOVE. WE LOVE BECAUSE HE FIRST ELDOV US."

1 JOHN 4:18–19

```
F O B P Q P E R E A C B
E G C E G R O P A F Q E
A S L O V E D E B J S C
R P K A B M X R B B T A
A B Y L T N T F E M D U
P U N I S H M E N T L S
T W E R J U V C S N B E
F P J O J G B T V S F S
J Q D H T O B U C J E P
D R I V E S L B T P V E
```

GOD'S WORK

USING THE LINES ON THE NEXT PAGE, UNSCRAMBLE THE UNDERLINED WORDS BELOW. THEN FIND THEM IN THE WORD SEARCH PUZZLE.

"AND WE <u>WOKN</u> THAT IN ALL <u>GTSHNI</u> GOD <u>KWSOR</u> FOR THE <u>DOGO</u> OF THOSE WHO LOVE HIM, WHO HAVE BEEN <u>ECDALL</u> ACCORDING TO HIS <u>SPEUORP</u>."

ROMANS 8:28

```
S O B T H I N G S A C I
E G C E G R O J A F Q J
K S T A N I H D B J S D
N P K A B M E Y B B T G
O B Y L T S T D W M D O
W R J I O E A D O B L O
T W E P J U V O R N B D
F P R O J G B R K S F S
J U D H T O B U S J E P
P M E C C A L L E D V E
```

WORD LIST

FIND THE WORDS LISTED BELOW IN THE WORD SEARCH ON THE NEXT PAGE.

LOVE

LAVISHED

CALLED

CHILDREN

FRIENDS

APPEARS

PURE

AGAPE

ARREST

FRIENDSHIP

STANDING

```
C Y E L A V I S H E D C
T F L R R P B C D S D A
K F R I E N D S D E S L
A R R I P D R A T U B L
D I L O V E B P N W S E
M E M J S A T P T S T D
E N N J V A M E D H A R
U D Z O O G T A C G N S
T S A G G A H R M U D W
E H M G N P N S T L I B
R I P U R E W C Z B N L
O P L C S R V E A X G R
N E W P A R R E S T O D
O S I R V B N N X U S X
C H I L D R E N H V R G
```

WORD LIST

FIND THE WORDS LISTED BELOW IN THE WORD SEARCH ON THE NEXT PAGE.

GONG
CLANGING
CYMBAL
FATHOM
PROPHECY
MOVE
RESOUNDING
TONGUES
MYSTERIES
POOR
MOUNTAINS

```
C Y E C L A N G I N G M
T Y L Z R P A C D S D O
K M M R J F A T H O M U
A H S B P D B U T U B N
D A R G A I T R N W S T
M I N J S L R U D H T A
E M Y S T E R I E S P I
U R N O O B T B C G O N
T P R O P H E C Y U O S
E U A G N R D I M G R B
R E S O U N D I N G E L
O G A G S I V C M O W R
N E N P P B C M S O V D
O O N R V N N D X U V E
G N T O N G U E S V M E
```

WORD LIST

FIND THE WORDS LISTED BELOW IN THE WORD SEARCH ON THE NEXT PAGE.

KIND ENVY POSSESS PROUD RUDE WRONGS DELIGHT ANGERED REJOICES TRUSTS PROTECTS EVIL

```
E Y E C E V I L L M M P
T N L Z R T B C D S R R
P M V R J R A Q D O S O
O H S Y P U R U U U B T
S A R G V S B D N W S E
S I N J S T T I T S T C
E T M J V S M U D H N T
S R D E L I G H T G Q S
S J Z G G E H U M U U W
E U R E J O I C E S S B
R D M M E I W E K B E L
O G A D S R V C R D W R
N E N P P I C M S U O D
O I W W R O N G S U D X
K N A N G E R E D V R E
```

ASK YOURSELF

WHAT HAVE YOU LEARNED SO FAR? FIND OUT BY ANSWERING THE QUESTIONS BELOW.

1. WHAT DOES THE HOLY SPIRIT DO?
JOHN 16:13

_____

2. WHO IS THE TRUTH?
JOHN 14:6

_____

3. WHAT DOES JESUS SAY IS TRUTH?
JOHN 17:17

_____

4. WHO IS THE SOURCE OF LIFE?

JOHN 6:63

_____

5. WHAT DOES THE FLESH COUNT FOR?

JOHN 6:63

_____

6. CAN THE FLESH PRODUCE THE FRUIT OF GOD?

JOHN 3:6

_____

I BELIEVE BY FAITH

FIND THE WORDS UNDERLINED BELOW IN THE WORD SEARCH ON THE NEXT PAGE.

"NOW <u>FAITH</u> IS BEING <u>SURE</u> OF WHAT WE <u>HOPE</u> FOR AND <u>CERTAIN</u> OF WHAT WE DO NOT <u>SEE</u>. THIS IS WHAT THE <u>ANCIENTS</u> WERE <u>COMMENDED</u> FOR. BY FAITH WE <u>UNDERSTAND</u> THAT THE <u>UNIVERSE</u> WAS <u>FORMED</u> AT GOD'S COMMAND, SO THAT WHAT IS SEEN WAS NOT MADE OUT OF WHAT WAS <u>VISIBLE</u>."

HEBREWS 11:1-3

```
U M Q C E C T N V I K L
N R G O Y E D T I U B S
D H C O N R L D S I L U
E D O M S T K T I E H R
R E M E O A B G B W O E
S P M O R I L X L K U O
T Z E H F N R F E R L U
A A N I O K V S S R D N
N E D T R F A I T H T I
D L E F M N D L I P S V
T W D V E T H O P E K E
R Y I B D P K S E K T R
W A D B A C H E R D Y S
A N C I E N T S T V N E
D A C R S I S E E H I L
```

WORD LIST

FIND THE WORDS LISTED BELOW IN THE WORD SEARCH ON THE NEXT PAGE.

- CHILD
- REDEEM
- CHURCH
- CHRISTIAN
- NAME
- WORTHY
- RESCUE
- PEOPLE
- DARKNESS
- DOMINION
- REDEMPTION

```
R Y E C D A M O L M M C
T E L C H U R C H S H M
K M D R J E A Q D I S R
D H S E P D R U L U B E
O A R G E I B D N W S S
M I N J S M T I N N T C
I T M J V B M O O H N U
N W O R T H Y I C G Q E
I J Z G G T T U N A M E
O U A G P P N M E L S B
N D M M M I P E O P L E
O G A E S R V C A B W R
N E D P D A R K N E S S
O E W R V B N D X U S A
R N C H R I S T I A N G
```

MY FAITH PLEASES GOD

USING THE LINES ON THE NEXT PAGE, UNSCRAMBLE THE UNDERLINED WORDS BELOW. THEN FIND THEM IN THE WORD SEARCH PUZZLE.

"AND WITHOUT FAITH IT IS IMPOSSIBLE TO SPELEA GOD, BECAUSE NAENOY WHO ECSOM TO HIM MUST BELIEVE THAT HE TESXSI AND THAT HE DRSERWA THOSE WHO EARNESTLY KESE HIM."

HEBREWS 11:6

```
P O B P Q P E R E A C E
L G S E E K O J A F Q X
E S T A N I H D B J S I
A P K R E W A R D S T S
S B Y L T N T D E M D T
E R J I S E A D E B L S
T W E R J C O M E S B O
F P J O J G B R V S F S
J A N Y O N E U C J E P
T M E C C P L B T P V E
```

MY FAITH IS A GIFT

FIND THE WORDS UNDERLINED BELOW IN THE WORD SEARCH ON THE NEXT PAGE.

"FOR IT IS BY GRACE YOU HAVE BEEN SAVED, THROUGH FAITH—AND THIS NOT FROM YOURSELVES, IT IS THE GIFT OF GOD—NOT BY WORKS, SO THAT NO ONE CAN BOAST."

EPHESIANS 2:8–9

```
G M Q C E V T N W I K L
F R G O Y C D T Y U B N
T H A O N T L D O I L O
O D B C S E K T U E H L
P E K E E L B G R W O G
H P T O R E L W S K U O
F S A V E D R F E R L D
G A T I B K V S L R D R
S E B O A S T D V I T D
P L P F A N D L E P S A
G I F T B T E M S T K M
R Y I B B P K S E K T B
W T H R O U G H R D O I
H H N C E Q H K T V N T
D A C R S I W O R K S L
```

I WILL TRUST GOD

FIND THE WORDS UNDERLINED BELOW IN THE WORD SEARCH ON THE NEXT PAGE.

"'DO <u>NOT</u> LET YOUR <u>HEARTS</u> BE <u>TROUBLED</u>. <u>TRUST</u> IN GOD; TRUST ALSO IN ME. IN MY <u>FATHER'S</u> <u>HOUSE</u> ARE MANY <u>ROOMS</u>; IF IT WERE NOT SO, I WOULD HAVE TOLD YOU. I AM <u>GOING</u> THERE TO <u>PREPARE</u> A <u>PLACE</u> FOR YOU.'"

JOHN 14:1–2

```
H M Q C E V T N W I K N
F O G O G O I N G U O N
T H U O N T L D W T L O
O D B S S E K T R E H L
P E K E E L R O O M S G
F A T H E R S X S K U O
H P R O R E L F T R L D
G A O I B K V P L A C E
S E U T I B I D R O S T
P L B F A N T R U S T A
T W L V B T E M S T K M
R H E A R T S S E K T B
W A D B A C H E R D Y I
H H N C E Q H K T V N T
D A C R P R E P A R E L
```

MY HOPE IS IN GOD

USING THE LINES ON THE NEXT PAGE, UNSCRAMBLE THE UNDERLINED WORDS BELOW. THEN FIND THEM IN THE WORD SEARCH PUZZLE.

"NOW FAITH IS <u>NGBIE</u> SURE OF <u>AWTH</u> WE HOPE FOR AND <u>ICNEART</u> OF WHAT WE DO NOT <u>ESE</u>. THIS IS WHAT THE <u>TASNNCEI</u> WERE <u>ECDODMNME</u> FOR."

HEBREWS 11:1–2

_____   _____

_____   _____

_____   _____

```
S O B P Q P E R E A C A
E G C E R T A I N F Q N
R S T A N B H D B J S C
V P K A B E X Y B B T I
W H A T T I T D R M D E
N R J I S N A D E B L N
T W E R J G V O S N B T
C O M M E N D E D S F S
J Q D H T O B U C J E P
T M E C C P L B S E E G
```

WORD LIST

FIND THE WORDS LISTED BELOW IN THE WORD SEARCH ON THE NEXT PAGE.

ACTS

BROTHERS

FREEDOM

SACRIFICE

LAWLESS

CHOSEN

JUST

HUMILITY

HUMBLE

```
C Y E C D A M O L M M H
T F B R O T H E R S D U
K M J R J E A Q D E S M
A C T S P D R U T U B I
D A R G V I B R N W S L
S A C R I F I C E S T I
H T M J V B M U D H N T
U C N O O S T B C G Q Y
M H Z G G E H U M U U W
B O A G F R E E D O M B
L S M M E I W E X B E L
E E A C S R V C A J W R
N N L P P I C M S U O D
L A W L E S S D X S S X
M N Y I E N J D H T R G
```

I HOLD FIRM TO MY FAITH

USING THE LINES ON THE NEXT PAGE, UNSCRAMBLE THE UNDERLINED WORDS BELOW. THEN FIND THEM IN THE WORD SEARCH PUZZLE.

"THEREFORE, SINCE WE <u>VHEA</u> A GREAT HIGH <u>SPTREI</u> WHO HAS GONE <u>HTUGRHO</u> THE <u>NHSEEAV</u>, JESUS THE SON OF GOD, LET US HOLD <u>LFYIMR</u> TO THE FAITH WE <u>SPSREOF</u>."

HEBREWS 4:14

```
S O B P Q P E R E A C P
E T H R O U G H A F Q R
R S T A N I H D B J S I
P R O F E S S Y B B T E
A B Y L T N T F E M D S
N R J I E E A I E B L T
T W E V J U V R S N B O
F P A O J G B M V S F S
J E D H T O B L C J E P
H M H A V E L Y T P V E
```

WORD LIST

FIND THE WORDS LISTED BELOW IN THE WORD SEARCH ON THE NEXT PAGE.

CHILD

CHILDISH

FACE

MIRROR

REFLECTION

GUIDE

DESIRES

WILLING

STRENGTH

AGE

HAND

GLORY

```
C Y E C D A H A N D M Y
T R L H R P B C H I L D
K E J I J E A Q D E S P
A F S L P D R W T U B D
D L R D V A B I N W S B
M E N I S G T L T S T S
E C M S V E M L D H N T
U T N H O S T I C M Q R
G I Z G D E H N M I U E
L O A G E B N G E R S N
O N M M S I W E X R E G
R G A C I R V C A O W T
Y E L P R I C M S R O H
O F A C E B N D X U S P
M N Y I S J G U I D E G
```

WORD LIST

FIND THE WORDS LISTED BELOW IN THE WORD SEARCH ON THE NEXT PAGE.

CHURCH
TEMPLE
STONE
BUILDING
MIRACLES
DEITY
SAINT
RADIANCE
SAVIOR
BLASPHEMY
BEHOLD
EVIDENCE

```
S T O N E A M O L S M Y
T A L Z R P B B D A D M
D E I T Y E A E D V S P
A H S N P D R H T I B D
D A R G T I B O N O S B
M I N J S A M L T R T E
E T M J V B I D D H N R
U T N C H U R C H G Q R
T E Z G G E A U M U U A
E M A G N B C M E L S D
R P M M E I L E J B E I
B L A S P H E M Y Z W A
N E L P P I S M S I O N
B U I L D I N G K U S C
M N Y I E V I D E N C E
```

I AM FREE

FIND THE WORDS UNDERLINED BELOW IN THE WORD SEARCH ON THE NEXT PAGE.

"KNOW THAT A <u>MAN</u> IS NOT <u>JUSTIFIED</u> BY <u>OBSERVING</u> THE LAW, BUT BY FAITH IN <u>JESUS</u> CHRIST. SO WE, TOO, HAVE <u>PUT</u> OUR FAITH IN CHRIST JESUS THAT WE <u>MAY</u> BE JUSTIFIED BY <u>FAITH</u> IN <u>CHRIST</u> AND NOT BY OBSERVING THE LAW, BECAUSE BY OBSERVING THE <u>LAW</u> NO ONE <u>WILL</u> BE JUSTIFIED."

GALATIANS 2:16

```
J M Q C E V T N W I K M
F E G O M A Y T T U A N
T H S O N T L D W N L O
F D B U S E W I L L H L
A E K E S L B G E W O G
I P T O R E L T S K U L
T Z L H C H R I S T L A
H A T I B K V S S R D W
S E L T I B I D H I T D
P J U S T I F I E D S A
T W R V B T E M S T K M
R Y I B B P K S E K T B
W A O B S E R V I N G I
H H N C E Q H K T V N T
P U T R S I T I N H I L
```

I WILL HAVE TRIALS

FIND THE WORDS UNDERLINED BELOW IN THE WORD SEARCH ON THE NEXT PAGE.

"<u>CONSIDER</u> IT <u>PURE</u> <u>JOY</u>, MY <u>BROTHERS</u>, WHENEVER YOU <u>FACE</u> <u>TRIALS</u> OF MANY <u>KINDS</u>, BECAUSE YOU KNOW THAT THE <u>TESTING</u> OF YOUR <u>FAITH</u> <u>DEVELOPS</u> <u>PERSEVERANCE</u>."

JAMES 1:2–3

```
P M Q C E V K I N D S L
F U G O Y T D T T U B N
T H R O N R L D W I L O
O D B E S I K T F A C E
P E K E O A B G E W C G
H P T O R L L X S N U O
F Z L H V S R F A R L D
C O N S I D E R S R D R
S E L T I B E F A I T H
P L P F A V D L I P S A
T D E V E L O P S T K M
R Y I S B R O T H E R S
W A R B A C H E R J Y I
H E N C E Q H K T V O T
P A C T E S T I N G I Y
```

WORD LIST

FIND THE WORDS LISTED BELOW IN THE WORD SEARCH ON THE NEXT PAGE.

BOAST

SAVED

GOD

RELATIONSHIP

DEAD

PERSONAL

LIFE

ETERNAL

RECONCILE

PRAYER

```
G Y E C D A M O L R M Y
T O L P R A Y E R E D M
K M D R J E A Q D L S P
A H S B O A S T T A B D
D A R G V I B R N T S B
R E C O N C I L E I T E
E T M J V B M U D O N R
U R N O O S T L C N Q E
D E A D G E A U M S U T
E U A G N N N M E H S E
R D M M O I S G X I M R
O G A S S R A C A P W N
N E R P P I V M S I O A
O E W R V B E D X U S L
P N Y I E X D D L I F E
```

I WILL SET AN EXAMPLE

USING THE LINES ON THE NEXT PAGE, UNSCRAMBLE THE UNDERLINED WORDS BELOW. THEN FIND THEM IN THE WORD SEARCH PUZZLE.

"DON'T LET ANYONE LOOK <u>WDNO</u> ON YOU BECAUSE YOU ARE <u>NYGOU</u>, BUT SET AN <u>LEEXPAM</u> FOR THE <u>RBSEELVEI</u> IN <u>CSHEPE</u>, IN LIFE, IN LOVE, IN FAITH AND IN <u>TPYUIR</u>."

1 TIMOTHY 4:12

_____   _____

_____   _____

_____   _____

```
S O B B Q P E M U T P V
E G C E G P U R I T Y I
Y S T L N I H R E T Y J
O P K I B M X S I J S D
U B Y E T N T P B B T E
N R J V S E A E B M D E
G W E E J U V E E B O G
F P J R J G B C E N W O
J Q D S T O B H S S N S
T M E E X A M P L E E P
```

I WILL BE STRENGTHENED

FIND THE WORDS UNDERLINED BELOW IN THE WORD SEARCH ON THE NEXT PAGE.

"I <u>PRAY</u> THAT OUT OF HIS <u>GLORIOUS</u> <u>RICHES</u> HE MAY <u>STRENGTHEN</u> YOU WITH <u>POWER</u> THROUGH HIS <u>SPIRIT</u> IN YOUR <u>INNER</u> BEING, SO THAT CHRIST MAY DWELL IN YOUR <u>HEARTS</u> THROUGH FAITH. AND I PRAY THAT YOU, BEING <u>ROOTED</u> AND <u>ESTABLISHED</u> IN LOVE, MAY HAVE POWER, TOGETHER WITH ALL THE <u>SAINTS</u>, TO GRASP HOW WIDE AND LONG AND HIGH IS THE LOVE OF <u>CHRIST</u>."

EPHESIANS 3:16-18

```
P M Q C E V T N W I K L
F R G O Y C H E A R T S
S H A O N T C H R I S T
P D B Y S E K T R E H L
I E S T A B L I S H E D
R P T O R E S X R K U P
I Z L H V M A F O R L O
T A T I B K I S O R D W
R I C H E S N D T I T E
P L P F A N T L E P S R
T W R V B T S M D T K M
R S T R E N G T H E N B
W A D B A C H E R D Y I
G L O R I O U S T V N T
D A I N N E R I N H I L
```

WORD LIST

FIND THE WORDS LISTED BELOW IN THE WORD SEARCH ON THE NEXT PAGE.

STUDY

PROPHET

SIGN

PROCLAIM

CLAIMS

SCRIPTURE

GENTILE

JEWS

ORIGIN

PASSAGES

TEACHING

```
S Y E C D A S O L G M P
T T L Z R P I C D E D R
K M U R J E G Q D N S O
A H S D P D N U T T B C
D A R G Y I B R N I S L
T E A C H I N G T L T A
E T M J V B M U D E N I
S C R I P T U R E G Q M
T J Z G G E H U M U U W
E U A G N B N M E J S B
P R O P H E T E X E E L
O G A C S R V C A W W R
C L A I M S C M S S O D
O S W P A S S A G E S X
M O R I G I N D H V R G
```

WORD LIST

FIND THE WORDS LISTED BELOW IN THE WORD SEARCH ON THE NEXT PAGE.

ROOTED
LOCKED
EXIST
BUILT
PRISONERS
RANSOM
TAUGHT
SUPERVISION
CRUCIFIED
CURSE
BLESSING
REDEEM

```
E X I S T S T A U G H T
T F L Z R U B C D B D M
R M B R J P A L D L S P
A H U E P E R O T E B D
N A I G V R B C N S S B
S I L J S V T K T S T E
O T T J V I M E D I N R
M R N O O S T D C N Q R
T J Z G G I R U N G U O
C U R S E O N E E L S O
R D M M E N W E D B E T
O G A C S R V C A E W E
C R U C I F I E D I E D
O S W R V B N D X U S M
P R I S O N E R S V R G
```

WORD LIST

FIND THE WORDS LISTED BELOW IN THE WORD SEARCH ON THE NEXT PAGE.

DEFECT

BLOOD

FULL

PAYMENT

FREE

BORN

ABBA

WISDOM

AROUSED

BOUND

STUMBLES

CODE

```
C Y B L O O D O L M M A
T F L Z R P B C D S B M
K P A Y M E N T D B S P
A H S E P D R U A U B A
B A R G F I B R N W S R
O I N J U A O I T S T O
U T M J L B R U D H N U
N R N O L S N B D G Q S
D J S T U M B L E S U E
E F A G N B N M F L S D
R R M M E I W E E B E L
O E A C O D E C C D W R
N E L P P I C M T I O D
O S W R V B N D L U S X
W I S D O M J D H V R G
```

ASK YOURSELF

WHAT HAVE YOU LEARNED SO FAR? FIND OUT BY ANSWERING THE QUESTIONS BELOW.

1. WHAT WORK CAN A CHRISTIAN DO TO PLEASE GOD?

JOHN 6:28-29

___

2. WHAT MUST A CHRISTIAN HAVE TO PLEASE GOD?

HEBREWS 11:6

___

3. WHERE DOES MY FAITH COME FROM?

EPHESIANS 2:8-9

___

4. WHAT DID JESUS SAY A CHRISTIAN WOULD HAVE IN THE WORLD?

JOHN 16:33

___

5. IN WHAT DOES GOD WANT YOU TO PLACE YOUR FAITH?

1 JOHN 4:16

___

6. WHAT DOES THE TESTING OF OUR FAITH DEVELOP?

JAMES 1:2-4

___

FAITH IS...

FAITH IS BELIEVING SOMETHING TO BE TRUE. YET FAITH DOES NOT STOP THERE. THE BIBLE SAYS IN JAMES 2:17 THAT FAITH WITHOUT **ACTION** IS DEAD. SO OUR FAITH MUST HAVE AN ACTION BEHIND IT. IN EPHESIANS 2:8-9 THAT BIBLE SAYS THAT YOUR FAITH IS NOT FROM YOURSELF, IT IS A GIFT FROM GOD.

FAITH HAS AN OBJECT. IF YOU WERE GOING TO SIT ON A CHAIR, BY FAITH YOU BELIEVE AND TRUST THAT THE CHAIR WILL HOLD YOU UP WHEN YOU SIT DOWN. THE **ACTION** BEHIND YOUR FAITH IS YOUR CHOOSING TO SIT DOWN ON THE CHAIR.

AS CHRISTIANS, THE OBJECT OF OUR FAITH IS JESUS CHRIST. WE MAKE A CHOICE TO TRUST AND BELIEVE THAT WHAT THE BIBLE SAYS ABOUT HIM IS TRUE. BY FAITH WE TAKE ANOTHER STEP— WE PUT OUR TRUST IN JESUS.

WHAT DO WE TRUST IN? WE TRUST THAT JESUS IS THE SON OF GOD, THAT HE DIED ON THE CROSS FOR ALL OUR SINS, AND THE PRICE FOR OUR SINS HAS BEEN PAID IN FULL.

BUT THIS IS ONLY HALF OF THE TRUTH, AS JESUS DID NOT STOP THERE. JESUS NOT ONLY DIED, BUT HE ROSE AGAIN FROM THE DEAD SO THAT HE COULD GIVE US SPIRITUAL LIFE. *HIS LIFE*. WE ARE BORN AGAIN AND HAVE HIS LIFE LIVING IN US AND THROUGH US.

THE MOMENT WE INVITED JESUS INTO OUR LIVES, WE WERE BORN AGAIN SPIRITUALLY AND BECAME A NEW CREATION, A CHILD OF THE LIVING GOD.

HAVE YOU PUT YOUR *FAITH* IN JESUS CHRIST?

WHAT IS PRAYER?

SO MANY OF US MAKE PRAYER MORE DIFFICULT THAN IT NEEDS TO BE.

WE'RE ALWAYS WONDERING **WHEN** AND **HOW** WE SHOULD PRAY. SHOULD I PRAY ON MY KNEES OR WHILE I'M SITTING OR STANDING? SHOULD I PRAY IN PUBLIC OR SHOULD I PRAY IN PRIVATE? DO I PRAY FOR MY NEEDS OR THE NEEDS OF OTHERS? DO I PRAY CONSISTENTLY ABOUT SOMETHING OR DO I ASK ONLY ONCE AND TRUST THAT GOD WILL ANSWER?

WHAT SHOULD MY **ATTITUDE** BE WHEN I PRAY? WHAT DOES IT MEAN TO "PRAY IN THE SPIRIT"? DO I PRAY ACCORDING TO GOD'S WILL? ***HOW DO I KNOW GOD'S WILL?***

TOO MANY OF US THINK THAT PRAYER IS A WAY TO GET WHAT WE WANT OR SOMETHING WE DO TO BE MORE SPIRITUAL. DO WE SEE GOD AS A "GREAT VENDING MACHINE IN THE SKY" OR DO WE REDUCE PRAYER TO A FORMULA TO FOLLOW SO THAT WE MAY APPROACH GOD?

TO ANSWER ALL THESE QUESTIONS, LET'S LOOK TO GOD AND HIS WORD. AS YOU GO THROUGH THIS BOOK, SIMPLY ASK GOD TO SHOW YOU *HIS* TRUTH ABOUT PRAYER!

BE FAITHFUL IN PRAYER

ROMANS 12:9–13

ACROSS

1. "LOVE MUST BE _____."
2. "HATE WHAT IS EVIL; _____ TO WHAT IS GOOD."
3. "BE DEVOTED TO ONE _____ IN BROTHERLY LOVE."
4. "HONOR ONE ANOTHER _____ YOURSELVES."

DOWN

1. "NEVER BE _____ IN ZEAL."
2. "BUT KEEP YOUR _____ FERVOR."
3. "_____ THE LORD."
4. "BE JOYFUL IN HOPE, PATIENT IN AFFLICTION, FAITHFUL IN _____."

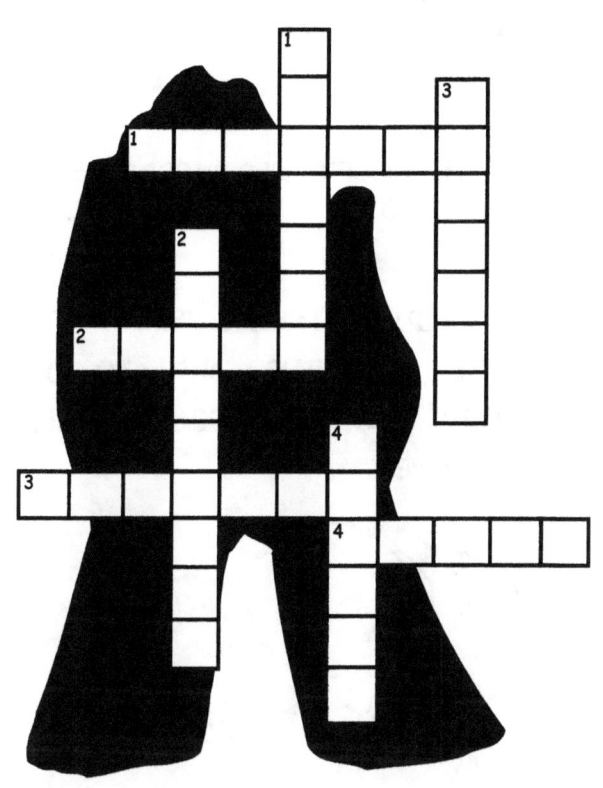

DEVOTE YOURSELVES TO PRAYER

ACTS 2:42

USING THE UNDERLINED WORDS BELOW, FILL IN THE BOXES ON THE NEXT PAGE.

"THEY <u>DEVOTED</u> <u>THEMSELVES</u> TO THE <u>APOSTLES</u>' <u>TEACHING</u> AND TO <u>THE FELLOWSHIP</u>, TO THE <u>BREAKING</u> OF <u>BREAD</u> AND TO PRAYER."

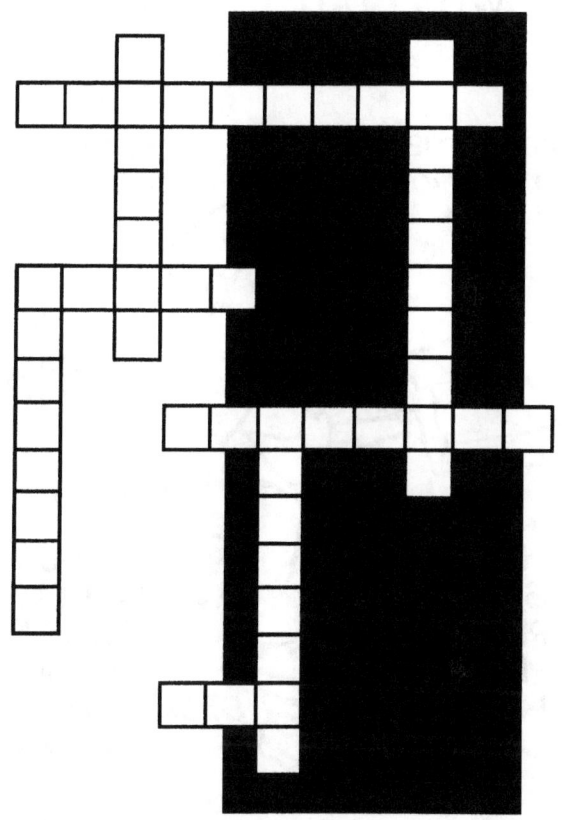

WHAT DID JESUS DO?

USING THE WORDS LISTED BELOW, FILL IN THE BOXES ON THE NEXT PAGE.

HEALED
SPREAD
PLACES
PRAYED
HEAR
CROWDS

JESUS
WITHDREW
PEOPLE
NEWS
SICKNESSES
LONELY

HE PRAYED

MARK 1:34–35

ACROSS
1. "JESUS HEALED MANY WHO HAD _____ DISEASES."
2. "HE ALSO DROVE OUT _____ DEMONS."
3. "BUT ____ WOULD NOT LET THE DEMONS SPEAK."
4. "_____ THEY KNEW WHO HE WAS."

DOWN
1. "VERY _____ IN THE MORNING."
2. "_____ IT WAS STILL DARK."
3. "JESUS GOT UP, LEFT THE _____ AND WENT OFF."
4. "TO A SOLITARY _____, WHERE HE PRAYED."

SEEKING GOD'S DIRECTION

FROM: LUKE 6:12-16

ACROSS

1. "ONE OF THOSE DAYS JESUS WENT OUT TO A _____ TO PRAY."
2. "AND _____ THE NIGHT PRAYING TO GOD."
3. "WHEN _____ CAME, HE CALLED HIS DISCIPLES TO HIM."
4. "AND CHOSE _____ OF THEM."

DOWN

1. "WHOM HE ALSO DESIGNATED _____."
2. "_____ (WHOM HE NAMED PETER), HIS BROTHER ANDREW, JAMES, JOHN, PHILIP, BARTHOLOMEW, MATTHEW, THOMAS."
3. "_____ SON OF ALPHAEUS."
4. "SIMON WHO WAS CALLED THE _____, JUDAS SON OF JAMES, AND JUDAS ISCARIOT."

HE WAS ALONE

MATTHEW 14:22-23

ACROSS

1. "IMMEDIATELY JESUS MADE THE _____."
2. "GET _____ THE BOAT."
3. "AND GO ON _____ OF HIM TO THE OTHER SIDE."
4. "WHILE HE _____ THE CROWD."

DOWN

1. "AFTER HE HAD _____ THEM."
2. "HE WENT UP ON A _____ BY HIMSELF TO PRAY."
3. "WHEN _____ CAME."
4. "HE WAS _____ ALONE."

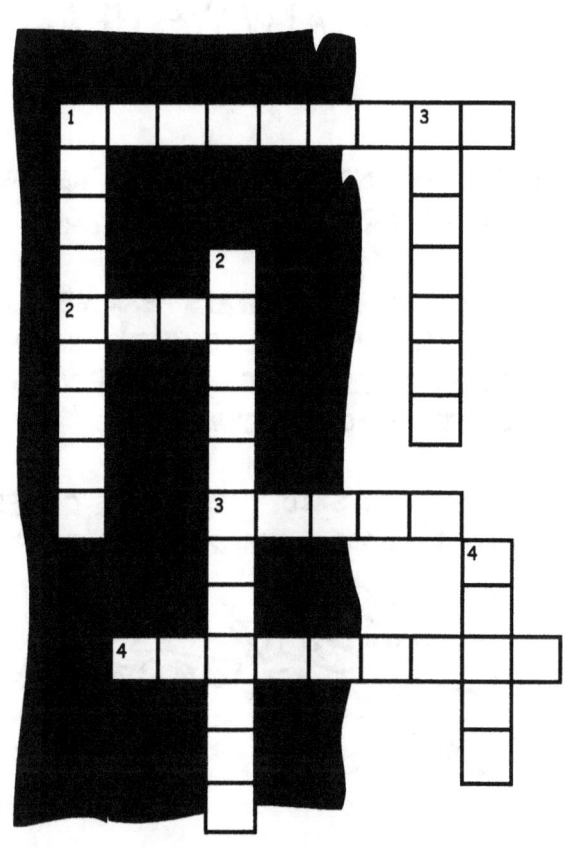

THE FATHER ALWAYS HEARS ME

JOHN 11:42–43

USING THE UNDERLINED WORDS BELOW, FILL IN THE BOXES ON THE NEXT PAGE.

"'I <u>KNEW</u> THAT YOU <u>ALWAYS</u> HEAR ME, BUT I SAID THIS FOR THE <u>BENEFIT</u> OF THE <u>PEOPLE</u> <u>STANDING</u> HERE, THAT THEY MAY <u>BELIEVE</u> THAT YOU <u>SENT</u> ME.'"

"<u>WHEN</u> HE HAD SAID THIS, <u>JESUS</u> <u>CALLED</u> IN A LOUD VOICE, '<u>LAZARUS</u>, COME OUT!'"

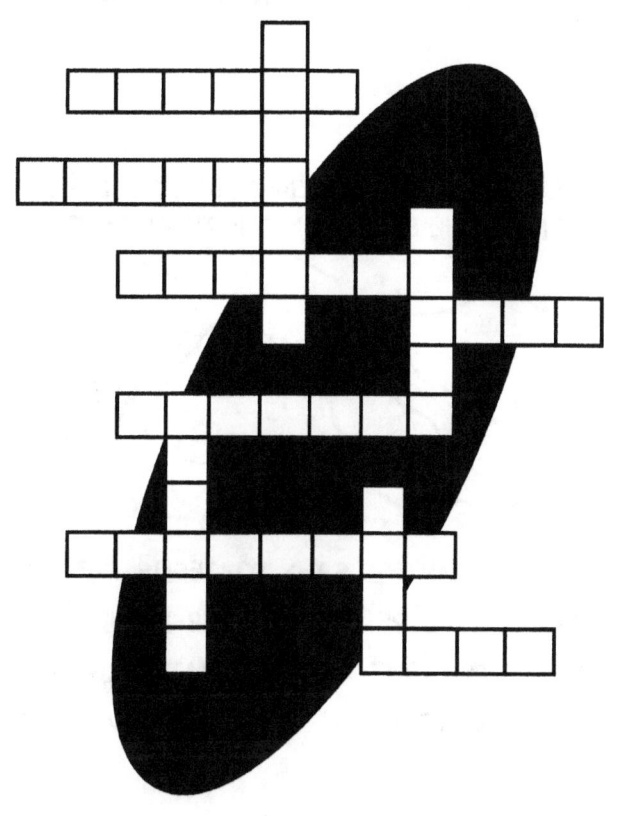

HE GIVES ME WHAT I ASK FOR

JOHN 11:21-22

USING THE UNDERLINED WORDS BELOW, FILL IN THE BOXES ON THE NEXT PAGE.

"'<u>LORD</u>,' <u>MARTHA</u> SAID TO <u>JESUS</u>, 'IF YOU HAD <u>BEEN</u> <u>HERE</u>, MY <u>BROTHER</u> <u>WOULD</u> NOT HAVE <u>DIED</u>. BUT I <u>KNOW</u> <u>THAT</u> <u>EVEN</u> NOW <u>GOD</u> WILL GIVE YOU <u>WHATEVER</u> YOU <u>ASK</u>.'"

ASK YOURSELF

WHAT HAVE YOU LEARNED SO FAR? FIND OUT BY ANSWERING THE QUESTIONS BELOW.

1. WHAT ARE WE TO DEVOTE OURSELVES TO?

   COLOSSIANS 4:2

   _____

2. WHAT ATTITUDES SHOULD WE HAVE WHEN WE PRAY?

   COLOSSIANS 4:2

   _____

3. WHAT ARE WE TO BE FAITHFUL IN?

   ROMANS 12:12

   _____

4. HOW LONG DID JESUS SPEND PRAYING TO HIS FATHER?

LUKE 6:12-13

___

5. WHERE DID JESUS GO AFTER HE DISMISSED THE CROWDS?

MATTHEW 14:29

___

6. WHY DID JESUS GO TO THE MOUNTAINSIDE?

MATTHEW 14:23

___

THE LORD'S PRAYER

FROM: JOHN 17:2, 4-5

ACROSS

1. " '_____, THE TIME HAS COME.' "
2. " '_____ YOUR SON, THAT YOUR SON MAY GLORIFY YOU.' "
3. " 'FOR YOU GRANTED HIM AUTHORITY _____ ALL PEOPLE.' "
4. " 'THAT HE MIGHT GIVE _____ LIFE TO ALL THOSE YOU HAVE GIVEN HIM.' "

DOWN

1. " 'I HAVE BROUGHT YOU GLORY ON _____.' "
2. " 'BY _____ THE WORK YOU GAVE ME TO DO.' "
3. " 'AND NOW, FATHER, _____ ME IN YOUR PRESENCE.' "
4. " 'WITH THE GLORY I HAD WITH YOU BEFORE THE _____ BEGAN.' "

I PRAY FOR MY DISCIPLES
JOHN 17:6-8

ACROSS
1. "'I HAVE _____ YOU TO THOSE WHOM YOU GAVE ME OUT OF THE WORLD.'"
2. "'THEY WERE YOURS; YOU GAVE THEM TO ME AND THEY HAVE _____ YOUR WORD.'"
3. "'NOW THEY KNOW THAT _____.'"
4. "'YOU HAVE _____ ME COMES FROM YOU.'"

DOWN
1. "'FOR I _____ THEM THE WORDS YOU GAVE ME.'"
2. "'AND THEY _____ THEM.'"
3. "'THEY KNEW WITH _____ THAT I CAME FROM YOU.'"
4. "'AND THEY BELIEVED THAT YOU _____ ME.'"

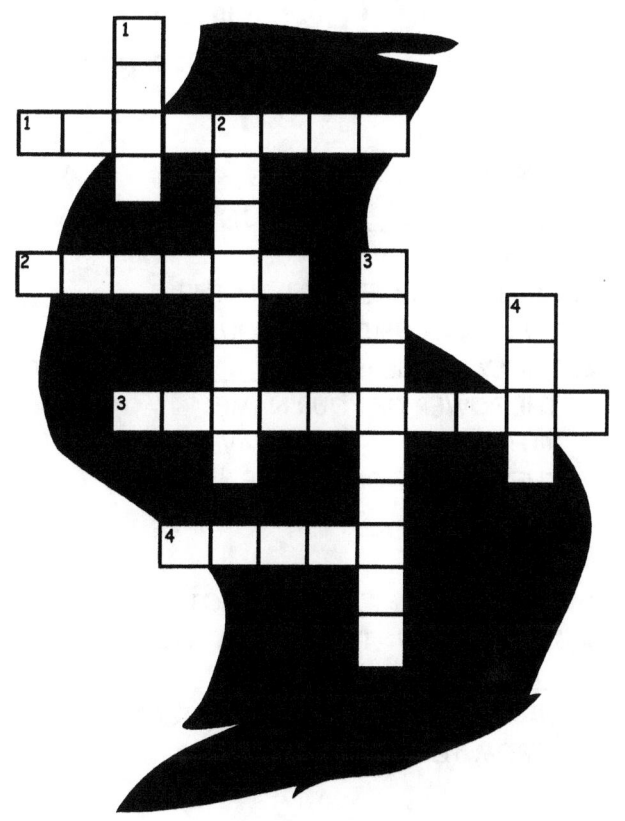

PROTECT THEM

JOHN 17:11, 15

ACROSS

1. "'I WILL _____ IN THE WORLD NO LONGER.'"
2. "'BUT THEY ARE STILL IN THE _____, AND I AM COMING TO YOU.'"
3. "'HOLY FATHER, _____ THEM BY THE POWER OF YOUR NAME.'"
4. "'THE _____ YOU GAVE ME—SO THAT THEY MAY BE ONE AS WE ARE ONE.'"

DOWN

1. "'MY _____ IS NOT.'"
2. "'THAT YOU TAKE THEM OUT OF THE _____.'"
3. "'BUT _____ YOU PROTECT THEM.'"
4. "'FROM THE EVIL _____.'"

THAT THEY MAY HAVE MY JOY

USING THE WORDS LISTED BELOW, FILL IN THE BOXES ON THE NEXT PAGE.

HATED
MORE
THINGS
COMING
FULL
JOY

WORLD
MEASURE
GIVEN
WORLD
STILL
WORD

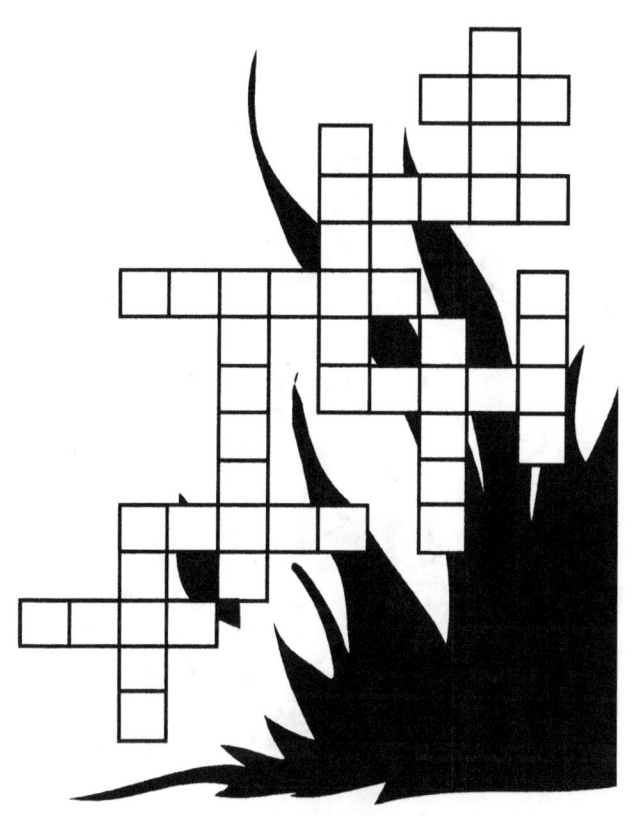

SANCTIFY THEM

USING THE WORDS LISTED BELOW, FILL IN THE BOXES ON THE NEXT PAGE.

SENT
SANCTIFIED
WORLD
TRULY
MYSELF
NOT

WORLD
EVEN
NOT
SANCTIFY
TRUTH
WORLD

UNITY WITH CHRIST

JOHN 17:21-23

ACROSS

1. "'MAY _____ ALSO BE IN US.'"
2. "'SO THAT THE WORLD MAY _____ THAT YOU HAVE SENT ME.'"
3. "'I HAVE GIVEN THEM THE _____ THAT YOU GAVE ME.'"
4. "'THAT THEY MAY BE _____ AS WE ARE ONE.'"

DOWN

1. "'I IN _____ AND YOU IN ME.'"
2. "'MAY THEY BE _____ TO COMPLETE UNITY.'"
3. "'TO LET THE WORLD KNOW THAT YOU SENT ME AND HAVE _____ THEM.'"
4. "'EVEN AS _____ HAVE LOVED ME.'"

TO BE WITH ME

USING THE WORDS LISTED BELOW, FILL IN THE BOXES ON THE NEXT PAGE.

GLORY
BEFORE
TO
THOSE
WORLD
GIVEN

FATHER
WANT
BECAUSE
LOVED
WITH
CREATION

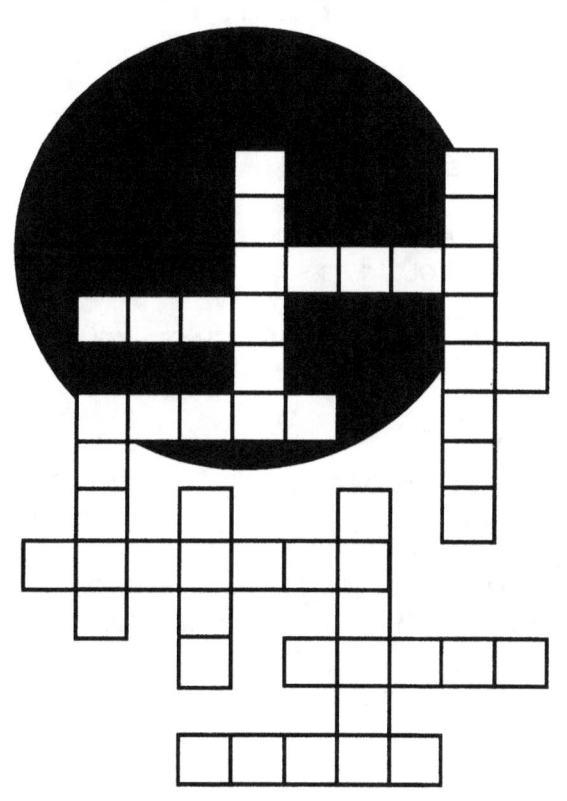

I WILL BE IN THEM

JOHN 17:25-26

ACROSS
1. "'_____ FATHER.'"
2. "'THOUGH THE WORLD _____ NOT KNOW YOU.'"
3. "'I _____ YOU.'"
4. "'AND THEY KNOW THAT YOU HAVE _____ ME.'"

DOWN
1. "'I HAVE MADE YOU _____ TO THEM.'"
2. "'AND WILL _____ TO MAKE YOU KNOWN.'"
3. "'IN ORDER THAT THE LOVE YOU HAVE FOR ME MAY BE IN THEM AND THAT I _____.'"
4. "'MAY BE IN _____.'"

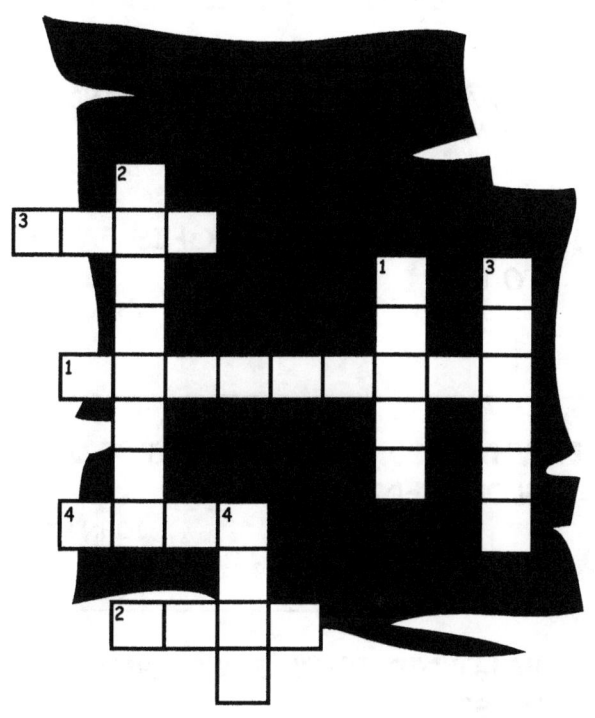

ASK YOURSELF

WHAT HAVE YOU LEARNED SO FAR? FIND OUT BY ANSWERING THE QUESTIONS BELOW.

1. WHAT DID JESUS ASK HIS FATHER TO DO?

   JOHN 17:1-2

   _____

2. WHY DID JESUS WANT TO BE GLORIFIED?

   JOHN 17:1-2

   _____

3. WHAT DID JESUS SAY ETERNAL LIFE WAS?

   JOHN 17:3

   _____

4. WHO IS JESUS PRAYING FOR?
JOHN 17:20

___

5. WHAT WAS JESUS' PRAYER FOR THOSE WHO BELIEVED?
JOHN 17:21-23

___

6. WHAT DID JESUS WANT FOR THOSE THE FATHER HAD GIVEN HIM?
JOHN 17:24

___

THRONE OF GRACE

HEBREWS 4:16

USING THE UNDERLINED WORDS BELOW, FILL IN THE BOXES ON THE NEXT PAGE.

"LET US THEN APPROACH THE THRONE OF GRACE WITH CONFIDENCE, SO THAT WE MAY RECEIVE MERCY AND FIND GRACE TO HELP US IN OUR TIME OF NEED."

MOST HOLY PLACE

HEBREWS 10:19-22

ACROSS

1. "THEREFORE, BROTHERS, SINCE WE HAVE _____."
2. "TO ENTER THE _____ HOLY PLACE BY THE BLOOD OF JESUS."
3. "BY A NEW AND _____ WAY OPENED FOR US THROUGH THE CURTAIN."
4. "THAT IS, _____ BODY."

DOWN

1. "AND SINCE WE HAVE A GREAT _____ OVER THE HOUSE OF GOD."
2. "LET US DRAW NEAR TO GOD WITH A _____ HEART IN FULL ASSURANCE OF FAITH."
3. "HAVING OUR HEARTS SPRINKLED TO _____ US FROM A GUILTY CONSCIENCE."
4. "AND HAVING OUR _____ WASHED WITH PURE WATER."

BEFORE AND AFTER

USING THE WORDS LISTED BELOW, FILL IN THE BOXES ON THE NEXT PAGE.

PHYSICAL
ACCUSATION
BEHAVIOR
EVIL
BLEMISH

ENEMIES
ONCE
PRESENT
ALIENATED
RECONCILED

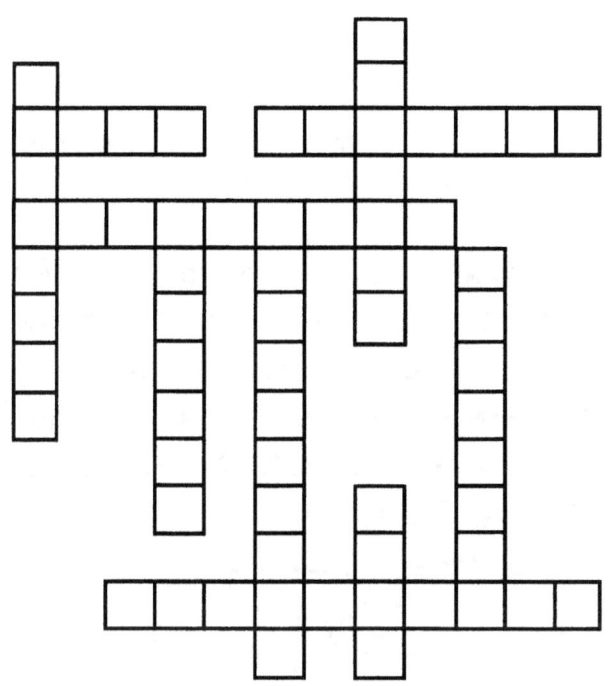

I AM HIS CHILD

JOHN 1:12–13

USING THE UNDERLINED WORDS BELOW, FILL IN THE BOXES ON THE NEXT PAGE.

"YET TO ALL WHO <u>RECEIVED</u> HIM, TO THOSE WHO <u>BELIEVED</u> IN HIS <u>NAME</u>, HE GAVE THE RIGHT TO BECOME <u>CHILDREN</u> OF GOD—CHILDREN BORN NOT OF <u>NATURAL</u> <u>DESCENT</u>, NOR OF <u>HUMAN</u> <u>DECISION</u> OR A <u>HUSBAND'S</u> WILL, BUT <u>BORN</u> OF GOD."

ABBA-DADDY

ROMANS 8:15-16

ACROSS
1. "FOR YOU DID NOT _____ A SPIRIT."
2. "THAT MAKES YOU A _____ AGAIN TO FEAR."
3. "BUT YOU _____."
4. "THE SPIRIT OF _____."

DOWN
1. "AND BY HIM WE CRY, 'ABBA, _____.' "
2. "THE SPIRIT _____."
3. "_____ WITH OUR SPIRIT."
4. "THAT WE ARE GOD'S _____."

IN JESUS' NAME

USING THE WORDS LISTED BELOW, FILL IN THE BOXES ON THE NEXT PAGE.

ENTERED
RECEIVE
FIGURATIVELY
BE
ANYTHING

JOY
WILL
WILL
COMPLETE
UNTIL

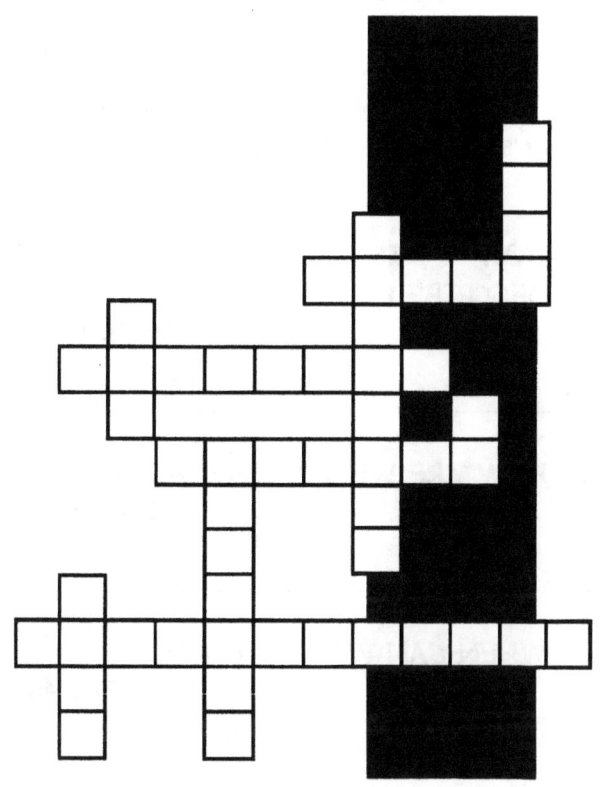

TEST YOURSELF

WHAT HAVE YOU LEARNED SO FAR? FIND OUT BY ANSWERING THE QUESTIONS BELOW.

1. HOW IS GOD'S THRONE DESCRIBED?

   HEBREWS 4:16

   _____

2. HOW ARE WE TO APPROACH GOD?

   HEBREWS 4:16

   _____

3. WHEN CAN WE GO TO GOD?

   HEBREWS 4:16

   _____

4. WHAT WILL WE FIND WHEN WE GO TO GOD IN PRAYER?

HEBREWS 4:16

___

5. DOES A SPIRIT OF FEAR COME FROM GOD?

ROMANS 8:15

___

6. WHAT SPIRIT DO WE RECEIVE FROM GOD?

ROMANS 8:15

___

LORD, TEACH US TO PRAY

LUKE 11:1

USING THE UNDERLINED WORDS BELOW, FILL IN THE BOXES ON THE NEXT PAGE.

"ONE DAY JESUS WAS <u>PRAYING</u> IN A <u>CERTAIN</u> <u>PLACE</u>. WHEN HE <u>FINISHED</u>, ONE OF HIS <u>DISCIPLES</u> SAID TO HIM, '<u>LORD</u>, <u>TEACH</u> US TO PRAY, JUST AS JOHN <u>TAUGHT</u> HIS <u>DISCIPLES</u>.'"

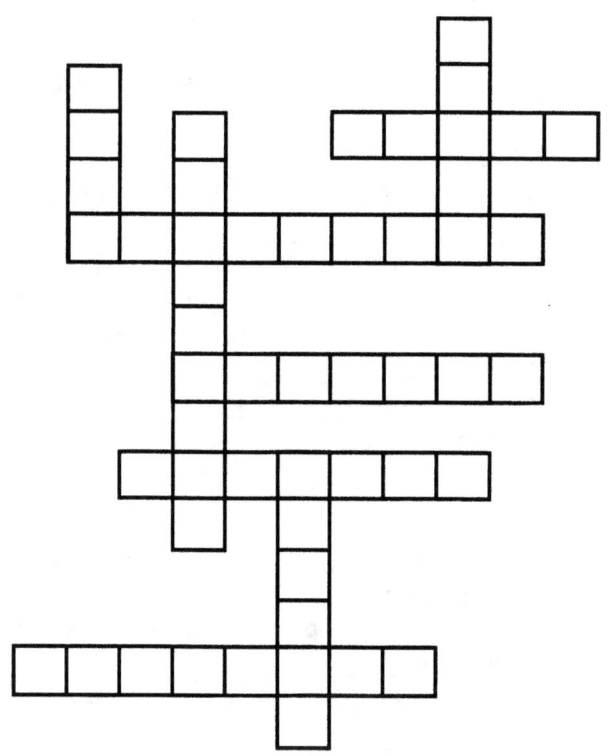

WHAT PRAYER IS NOT

MATTHEW 6:5-6

ACROSS

1. "'AND WHEN YOU PRAY, DO NOT BE LIKE THE _____.'"
2. "'FOR THEY LOVE TO PRAY STANDING IN THE _____ AND ON THE STREET CORNERS TO BE SEEN BY MEN.'"
3. "'I TELL YOU THE _____.'"
4. "'THEY HAVE _____ THEIR REWARD IN FULL.'"

DOWN

1. "'BUT WHEN YOU _____, GO INTO YOUR ROOM.'"
2. "'CLOSE THE DOOR AND PRAY TO YOUR FATHER, WHO IS _____.'"
3. "'THEN YOUR FATHER, WHO SEES WHAT IS DONE IN _____.'"
4. "'WILL _____ YOU.'"

DO NOT KEEP ON BABBLING

USING THE WORDS LISTED BELOW, FILL IN THE BOXES ON THE NEXT PAGE.

HEARD
BABBLING
PRAY
BECAUSE
LIKE

ASK
THINK
BEFORE
PAGANS
FATHER

GOD HEARS MY PRAYER

FROM: JAMES 4:3, 7-8

ACROSS

1. "WHEN YOU ASK, _____ DO NOT RECEIVE."
2. "_____ YOU ASK WITH WRONG MOTIVES."
3. "THAT YOU MAY _____ WHAT YOU GET."
4. "ON YOUR _____."

DOWN

1. "SUBMIT _____, THEN, TO GOD."
2. "_____ THE DEVIL."
3. "AND HE WILL _____ FROM YOU."
4. "COME NEAR TO GOD AND HE WILL COME _____ TO YOU."

MY WORDS ARE IN YOU

JOHN 15:6–8

ACROSS
1. "'IF ANYONE DOES NOT _____ IN ME.'"
2. "'HE IS LIKE A BRANCH THAT IS _____ AWAY AND WITHERS.'"
3. "'SUCH _____ ARE PICKED UP.'"
4. "'THROWN INTO THE FIRE AND _____.'"

DOWN
1. "'IF YOU _____ IN ME AND MY WORDS REMAIN IN YOU.'"
2. "'ASK _____ YOU WISH, AND IT WILL BE GIVEN YOU.'"
3. "'THIS IS TO MY _____ GLORY.'"
4. "'THAT YOU BEAR MUCH FRUIT, _____ YOURSELVES TO BE MY DISCIPLES.'"

EVERY WORD OF GOD

USING THE WORDS LISTED BELOW, FILL IN THE BOXES ON THE NEXT PAGE.

WORD
MAN
MOUTH
EVERY
COMES
ON

ANSWERED
GOD
JESUS
WRITTEN
DOES
BREAD

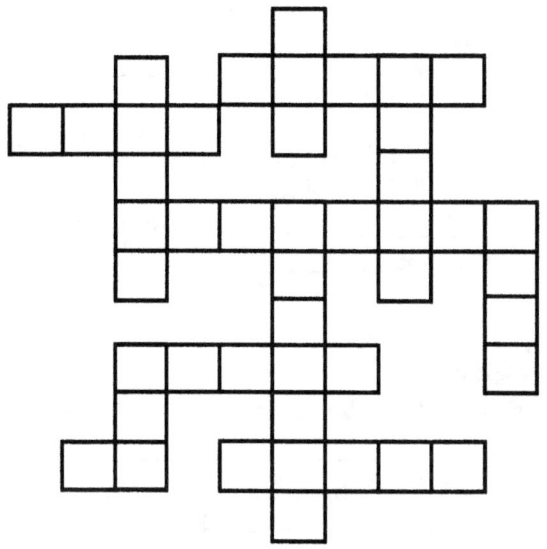

GOD'S WORD IS ENDURING

1 PETER 1:22-23

ACROSS

1. "NOW THAT YOU HAVE PURIFIED _____ BY OBEYING THE TRUTH."
2. "SO THAT YOU HAVE _____ LOVE FOR YOUR BROTHERS."
3. "_____ ONE ANOTHER DEEPLY."
4. "FROM THE _____."

DOWN

1. "FOR YOU HAVE BEEN _____ AGAIN."
2. "NOT OF _____ SEED."
3. "BUT OF _____."
4. "THROUGH THE LIVING AND _____ WORD OF GOD."

GOD'S WORD STANDS FOREVER

1 PETER 1:24-25

ACROSS
1. "'ALL MEN ARE LIKE _____.'"
2. "'AND ALL THEIR GLORY IS LIKE THE _____ OF THE FIELD.'"
3. "'THE GRASS _____.'"
4. "'AND THE FLOWERS _____.'"

DOWN
1. "'BUT THE WORD OF THE _____.'"
2. "'_____ FOREVER.'"
3. "AND THIS IS THE _____."
4. "'_____ WAS PREACHED TO YOU.'"

THE WORD OF CHRIST

ROMANS 10:17

USING THE UNDERLINED WORDS BELOW, FILL IN THE BOXES ON THE NEXT PAGE.

"<u>CONSEQUENTLY</u>, <u>FAITH</u> <u>COMES</u> FROM <u>HEARING</u> THE <u>MESSAGE</u>, <u>AND</u> <u>THE</u> MESSAGE IS <u>HEARD</u> <u>THROUGH</u> THE WORD <u>OF</u> <u>CHRIST</u>."

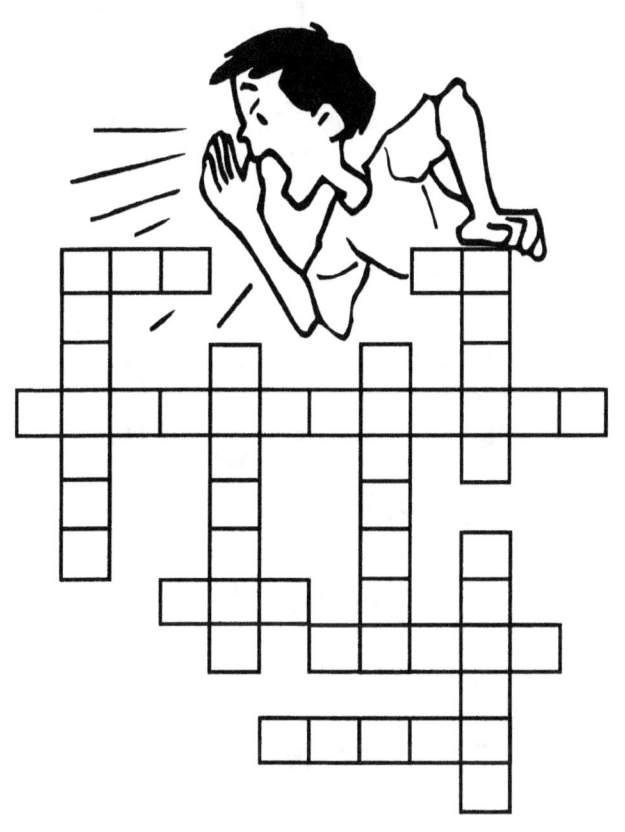

DOUBLE-EDGED SWORD

USING THE WORDS LISTED BELOW, FILL IN THE BOXES ON THE NEXT PAGE.

THOUGHTS
HEART
ATTITUDES
SHARPER
SOUL
DIVIDING

ACTIVE
EDGED
PENETRATES
MARROW
JOINTS
SWORD

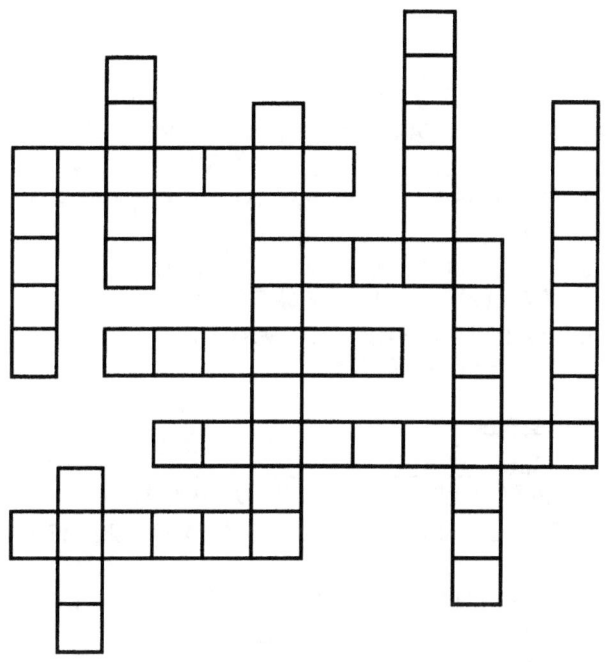

GOD-BREATHED

FROM: 2 TIMOTHY 3:14–17

ACROSS

1. "BUT AS FOR YOU, CONTINUE IN WHAT YOU HAVE LEARNED AND HAVE BECOME _____ OF."
2. "BECAUSE YOU KNOW THOSE FROM WHOM YOU _____ IT."
3. "AND HOW FROM INFANCY YOU _____ KNOWN THE HOLY SCRIPTURES."
4. "WHICH ARE ABLE TO MAKE YOU _____ FOR SALVATION."

DOWN

1. "ALL _____ IS GOD-BREATHED AND IS USEFUL FOR TEACHING."
2. "REBUKING, CORRECTING AND TRAINING IN _____."
3. "SO THAT THE MAN OF GOD MAY BE THOROUGHLY _____."
4. "FOR _____ GOOD WORK."

THE WORD GIVES HELP

USING THE WORDS LISTED BELOW, FILL IN THE BOXES ON THE NEXT PAGE.

SPOKEN
NOTHING
THEY
LIFE
GIVES
FOR

COUNTS
FLESH
SPIRIT
LIFE
HAVE
AND

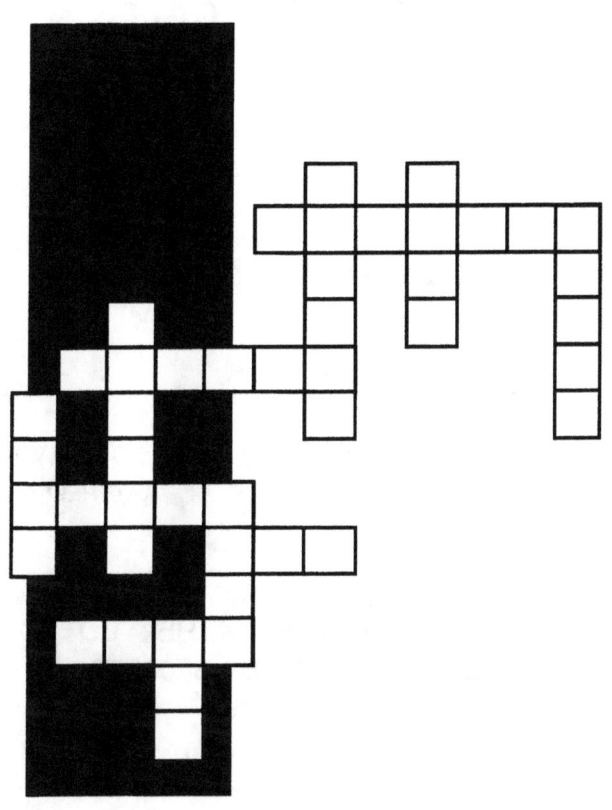

ASK YOURSELF

WHAT HAVE YOU LEARNED SO FAR? FIND OUT BY ANSWERING THE QUESTIONS BELOW.

1. HOW DID THE HYPOCRITES PRAY?
   MATTHEW 6:5

   _____

2. HOW DID JESUS TELL US TO PRAY?
   MATTHEW 6:6

   _____

3. WHAT WILL THE FATHER DO FOR THOSE WHO PRAY IN SECRET?
   MATTHEW 6:6

   _____

4. HOW DID THE PAGANS PRAY?

MATTHEW 6:7

---

5. WHAT DO PAGANS THINK IT WILL TAKE FOR GOD TO HEAR THEM?

MATTHEW 6:7

---

6. WHY ARE WE NOT TO BE LIKE THE PAGANS?

MATTHEW 6:8

WHY PRAY?

PROVERBS 3:5-8

ACROSS

1. "TRUST IN THE LORD WITH ALL YOUR _____."
2. "AND _____ NOT ON YOUR OWN UNDERSTANDING."
3. "IN ALL YOUR WAYS _____ HIM."
4. "AND HE WILL MAKE YOUR PATHS _____."

DOWN

1. "DO NOT BE WISE IN YOUR OWN _____."
2. "_____ THE LORD AND SHUN EVIL."
3. "THIS WILL BRING _____ TO YOUR BODY."
4. "AND _____ TO YOUR BONES."

GOD'S WILL

1 JOHN 5:13-15

ACROSS

1. "I WRITE THESE THINGS TO YOU WHO BELIEVE IN THE _____ OF THE SON OF GOD."
2. "SO THAT YOU MAY KNOW THAT YOU HAVE _____ LIFE."
3. "THIS IS THE _____ WE HAVE."
4. "IN APPROACHING _____."

DOWN

1. "THAT IF WE ASK _____."
2. "_____ TO HIS WILL, HE HEARS US."
3. "AND IF WE _____ THAT HE HEARS US."
4. "_____ WE ASK—WE KNOW THAT WE HAVE WHAT WE ASKED OF HIM."

DON'T DO WHAT PAGANS DO

1 PETER 4:2–3

ACROSS
1. "AS A _____, HE DOES NOT LIVE."
2. "THE REST OF HIS _____ LIFE."
3. "FOR EVIL HUMAN _____."
4. "BUT RATHER FOR THE WILL OF _____."

DOWN
1. "FOR YOU HAVE _____ ENOUGH TIME IN THE PAST."
2. "DOING WHAT PAGANS _____ TO DO."
3. "LIVING IN _____, LUST, DRUNKENNESS."
4. "ORGIES, CAROUSING AND DETESTABLE _____."

THINGS ABOVE

COLOSSIANS 3:1–2

USING THE UNDERLINED WORDS BELOW, FILL IN THE BOXES ON THE NEXT PAGE.

"SINCE, THEN, YOU HAVE BEEN <u>RAISED</u> WITH <u>CHRIST</u>, SET YOUR <u>HEARTS</u> ON <u>THINGS ABOVE</u>, WHERE <u>CHRIST</u> IS <u>SEATED</u> AT THE <u>RIGHT</u> HAND OF GOD. <u>SET</u> YOUR <u>MINDS</u> ON THINGS <u>ABOVE</u>, NOT ON <u>EARTHLY</u> THINGS."

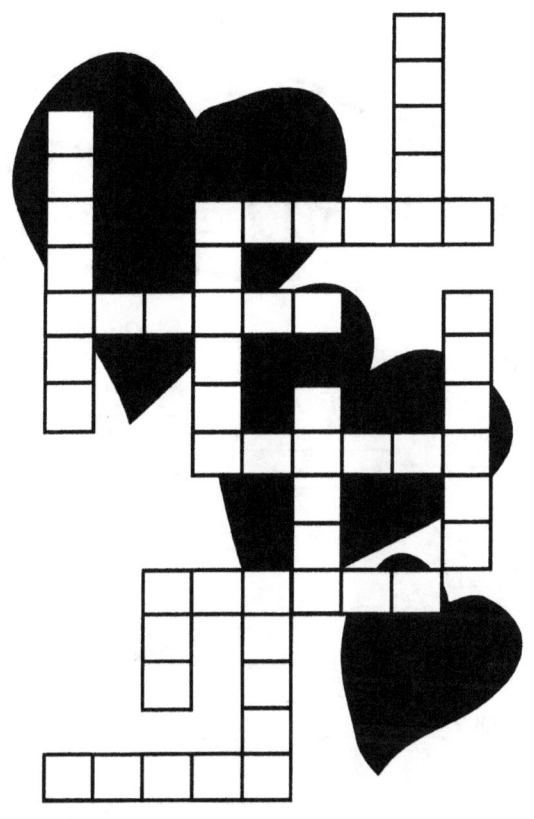

PERFECT AND PLEASING

ROMANS 1:1-2

ACROSS
1. "PAUL, A _____ OF CHRIST JESUS."
2. "CALLED TO BE AN _____."
3. "AND SET _____."
4. "FOR THE _____ OF GOD."

DOWN
1. "THE GOSPEL HE _____."
2. "_____ THROUGH."
3. "HIS PROPHETS IN _____."
4. "HOLY _____."

HIS PURPOSE

USING THE WORDS LISTED BELOW, FILL IN THE BOXES ON THE NEXT PAGE.

BLAMELESS
EVERYTHING
TO
ACT
PURPOSE
GOOD

GOD
HIS
SALVATION
OBEYED
ARGUING
ACCORDING

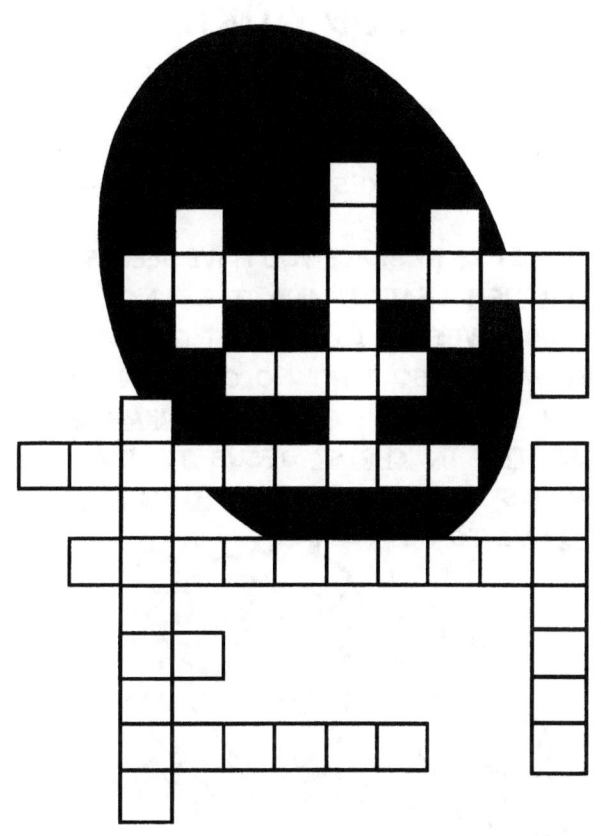

GOOD WORKS

EPHESIANS 2:8–10

USING THE UNDERLINED WORDS BELOW, FILL IN THE BOXES ON THE NEXT PAGE.

"FOR IT IS BY <u>GRACE</u> YOU HAVE BEEN SAVED, <u>THROUGH</u> <u>FAITH</u>—AND THIS NOT <u>FROM</u> YOURSELVES, IT IS THE <u>GIFT</u> OF GOD—NOT BY WORKS, SO THAT NO ONE CAN <u>BOAST</u>. FOR WE ARE GOD'S <u>WORKMANSHIP</u>, <u>CREATED</u> IN <u>CHRIST</u> JESUS TO DO GOOD WORKS, WHICH GOD <u>PREPARED</u> IN <u>ADVANCE</u> <u>FOR</u> US TO DO."

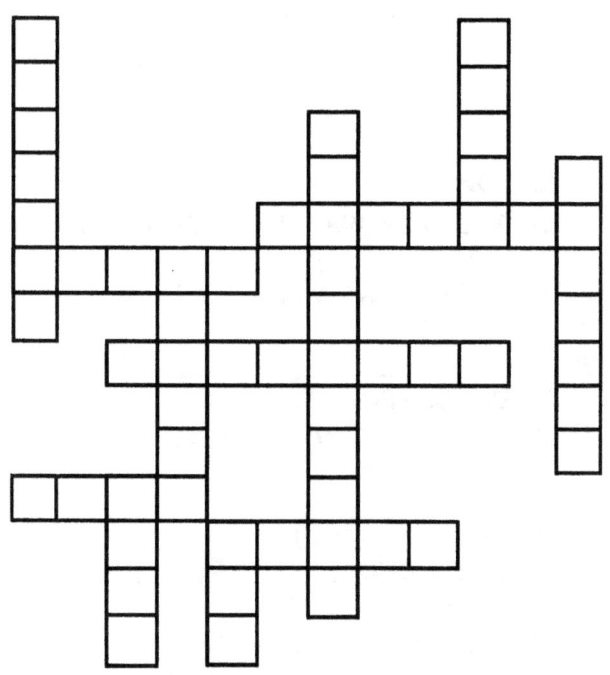

HELP IN MY WEAKNESS

ROMANS 8:26–27

ACROSS
1. "IN THE SAME WAY, THE SPIRIT HELPS US IN OUR _____."
2. "WE DO NOT KNOW WHAT WE _____ TO PRAY FOR."
3. "BUT THE _____ HIMSELF INTERCEDES FOR US."
4. "WITH GROANS THAT WORDS _____ EXPRESS."

DOWN
1. "AND HE WHO _____ OUR HEARTS."
2. "KNOWS THE MIND OF THE _____."
3. "BECAUSE THE SPIRIT INTERCEDES FOR THE _____."
4. "_____ ACCORDANCE WITH GOD'S WILL."

ASK YOURSELF

WHAT HAVE YOU LEARNED SO FAR? FIND OUT BY ANSWERING THE QUESTIONS BELOW.

1. WHAT IS THE CONFIDENCE WE HAVE IN APPROACHING GOD?

   1 JOHN 5:14-15

   _____

2. ON WHAT ARE WE TO SET OUR HEARTS?

   COLOSSIANS 3:1

   _____

3. ON WHAT ARE WE TO SET OUR MINDS?

   COLOSSIANS 3:2

   _____

4. IN VIEW OF GOD'S MERCY, WHAT DOES PAUL URGE US TO DO?

　　　　　　　　　　　　ROMANS 12:1

___

5. WHAT IS IT CALLED WHEN WE OFFER OUR BODIES AS LIVING SACRIFICES?

　　　　　　　　　　　　ROMANS 12:1

___

6. BY THE RENEWING OF OUR MINDS, WHAT WILL WE BE ABLE TO DISCERN, TEST, AND APPROVE?

　　　　　　　　　　　　ROMANS 12:2

___

GIVING THANKS

1 THESSALONIANS 5:16–22

ACROSS

1. "BE _____ ALWAYS."
2. "PRAY _____."
3. "GIVE _____ IN ALL CIRCUMSTANCES."
4. "FOR THIS IS GOD'S WILL FOR YOU IN _____ JESUS."

DOWN

1. "DO NOT PUT _____ THE SPIRIT'S FIRE."
2. "DO NOT TREAT PROPHECIES WITH _____."
3. "TEST _____. HOLD ON TO THE GOOD."
4. "_____ EVERY KIND OF EVIL."

HUMBLE DEEDS

JAMES 3:13–16

USING THE UNDERLINED WORDS BELOW, FILL IN THE BOXES ON THE NEXT PAGE.

"WHO IS WISE AND <u>UNDERSTANDING</u> AMONG YOU? LET HIM SHOW IT BY HIS GOOD LIFE, BY DEEDS DONE IN THE <u>HUMILITY</u> THAT COMES FROM WISDOM. BUT IF YOU HARBOR <u>BITTER</u> ENVY AND <u>SELFISH</u> AMBITION IN YOUR HEARTS, DO NOT <u>BOAST</u> ABOUT IT OR DENY THE TRUTH. SUCH 'WISDOM' DOES NOT COME <u>DOWN</u> FROM HEAVEN BUT IS EARTHLY, <u>UNSPIRITUAL</u>, OF THE DEVIL. FOR WHERE YOU HAVE ENVY AND SELFISH AMBITION, THERE YOU FIND <u>DISORDER</u> AND EVERY <u>EVIL</u> <u>PRACTICE</u>."

BE DEPENDENT

ROMANS 12:1

USING THE UNDERLINED WORDS BELOW, FILL IN THE BOXES ON THE NEXT PAGE.

"<u>THEREFORE</u>, I URGE YOU, <u>BROTHERS</u>, IN <u>VIEW</u> OF GOD'S <u>MERCY</u>, TO <u>OFFER</u> YOUR BODIES AS LIVING <u>SACRIFICES</u>, <u>HOLY</u> AND <u>PLEASING</u> TO GOD—THIS IS YOUR <u>SPIRITUAL</u> <u>ACT</u> <u>OF</u> <u>WORSHIP</u>."

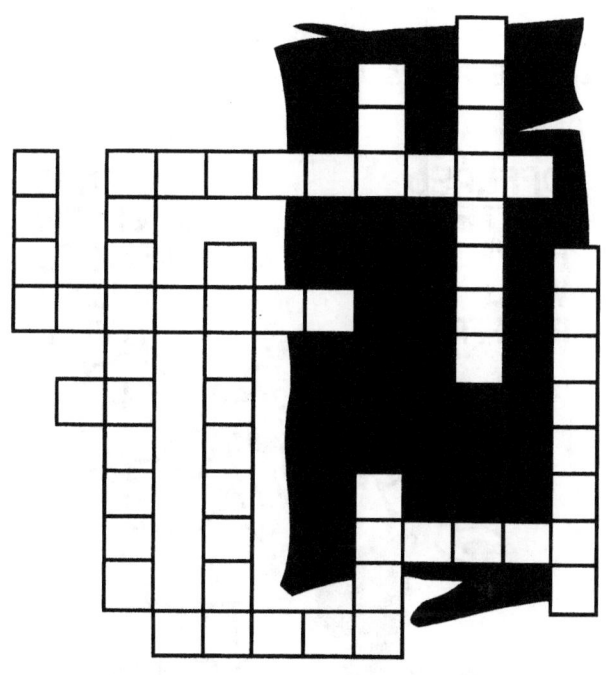

BE CONFIDENT

USING THE WORDS LISTED BELOW, FILL IN THE BOXES ON THE NEXT PAGE.

OFFERED
BETTER
HOPE
WELL
RIGHTEOUS

BEING
CERTAIN
COMMENDED
FAITH
STILL

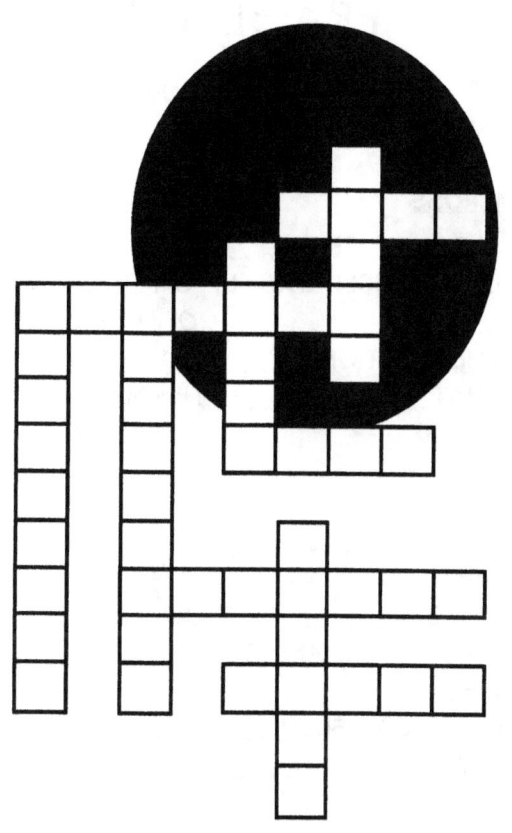

273

PRAISE HIM

HEBREWS 13:15–16

ACROSS

1. "THROUGH JESUS, _____."
2. "LET US CONTINUALLY OFFER TO GOD A _____ OF PRAISE."
3. "THE FRUIT OF _____."
4. "THAT _____ HIS NAME."

DOWN

1. "AND DO _____ FORGET."
2. "TO DO GOOD AND TO _____ WITH OTHERS."
3. "FOR WITH SUCH _____."
4. "GOD IS _____."

IN THE SPIRIT

EPHESIANS 6:18

USING THE UNDERLINED WORDS BELOW, FILL IN THE BOXES ON THE NEXT PAGE.

"AND <u>PRAY</u> IN THE <u>SPIRIT</u> ON ALL <u>OCCASIONS</u> WITH <u>ALL</u> KINDS OF <u>PRAYERS</u> AND <u>REQUESTS</u>. WITH <u>THIS</u> IN MIND, BE <u>ALERT</u> AND <u>ALWAYS</u> <u>KEEP</u> ON <u>PRAYING</u> FOR ALL THE <u>SAINTS</u>."

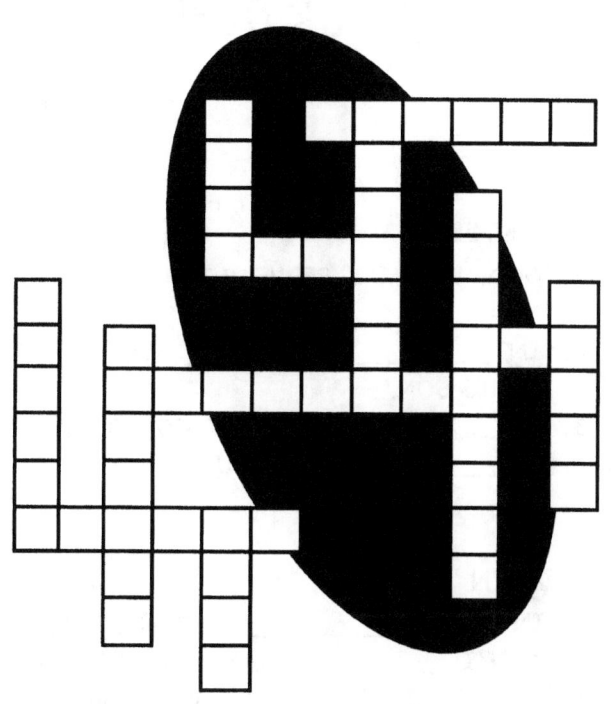

PRAY FOR OTHERS

ROMANS 1:9–10

ACROSS

1. "GOD, WHOM I SERVE WITH MY WHOLE _____."
2. "IN _____ THE GOSPEL OF HIS SON."
3. "IS ____ WITNESS HOW CONSTANTLY."
4. "I _____ YOU."

DOWN

1. "IN MY _____ AT ALL TIMES."
2. "AND I _____ THAT NOW AT LAST."
3. "BY GOD'S WILL THE WAY MAY BE _____."
4. "FOR ME TO _____ TO YOU."

ASK YOURSELF

WHAT HAVE YOU LEARNED SO FAR? FIND OUT BY ANSWERING THE QUESTIONS BELOW.

1. IN WHAT CIRCUMSTANCES ARE WE TO GIVE THANKS?
   1 THESSALONIANS 5:18

   _____

2. WHAT IS GOD'S WILL?
   1 THESSALONIANS 5:18

   _____

3. WHEN WE GIVE THANKS, WHO IS OUR FOCUS TO BE ON?
   1 THESSALONIANS 5:18

   _____

4. WHEN WE ARE THANKING GOD, WHOSE NAME DO WE DO IT IN?

　　　　　　　　　　　　EPHESIANS 5:20

_____

5. WHO DO WE GO THROUGH TO PRAY TO GOD?

　　　　　　　　　　　　HEBREWS 13:15

_____

6. WHERE IS OUR FOCUS WHEN WE ARE PRAISING GOD?

　　　　　　　　　　　　HEBREWS 13:15

_____

ASK FOR WISDOM

JAMES 1:5

USING THE UNDERLINED WORDS BELOW, FILL IN THE BOXES ON THE NEXT PAGE.

"IF ANY OF YOU <u>LACKS</u> <u>WISDOM</u>, HE <u>SHOULD</u> ASK GOD, WHO <u>GIVES</u> <u>GENEROUSLY</u> TO ALL <u>WITHOUT</u> <u>FINDING</u> <u>FAULT</u>, AND IT <u>WILL</u> BE <u>GIVEN</u> TO HIM."

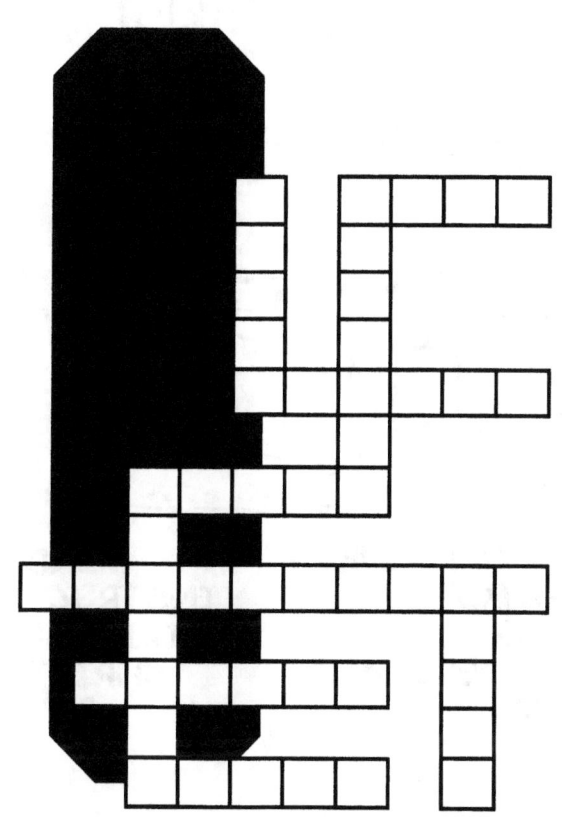

MIND OF CHRIST

USING THE WORDS LISTED BELOW, FILL IN THE BOXES ON THE NEXT PAGE.

FOOLISHNESS
HIMSELF
LORD
UNDERSTAND
HAVE
MIND
INSTRUCT
SPIRITUAL
CHRIST
BUT

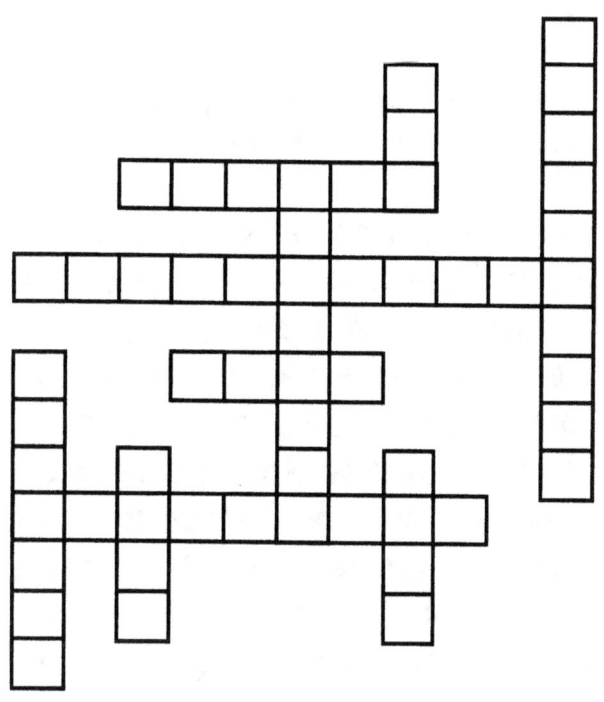

OBEDIENT TO CHRIST

2 CORINTHIANS 10:3–5

USING THE UNDERLINED WORDS BELOW, FILL IN THE BOXES ON THE NEXT PAGE.

"FOR THOUGH <u>WE</u> LIVE IN THE <u>WORLD</u>, WE DO NOT <u>WAGE</u> WAR AS THE WORLD DOES. THE WEAPONS WE FIGHT <u>WITH</u> ARE NOT THE <u>WEAPONS</u> OF THE WORLD. ON THE CONTRARY, THEY <u>HAVE</u> DIVINE <u>POWER</u> TO DEMOLISH <u>STRONGHOLDS</u>. WE DEMOLISH ARGUMENTS AND EVERY <u>PRETENSION</u> THAT SETS ITSELF UP AGAINST THE KNOWLEDGE OF GOD, AND WE TAKE <u>CAPTIVE</u> EVERY <u>THOUGHT</u> TO MAKE IT <u>OBEDIENT</u> TO CHRIST."

HEAVENLY WISDOM

JAMES 3:14–16

ACROSS
1. "BUT IF YOU _____ BITTER ENVY."
2. "AND _____ AMBITION IN YOUR HEARTS."
3. "DO NOT BOAST ABOUT ____."
4. "OR DENY THE _____."

DOWN
1. "SUCH 'WISDOM' DOES NOT COME DOWN FROM _____."
2. "BUT IS EARTHLY, _____, OF THE DEVIL."
3. "_____ WHERE YOU HAVE ENVY AND SELFISH AMBITION."
4. "THERE YOU FIND DISORDER AND EVERY EVIL _____."

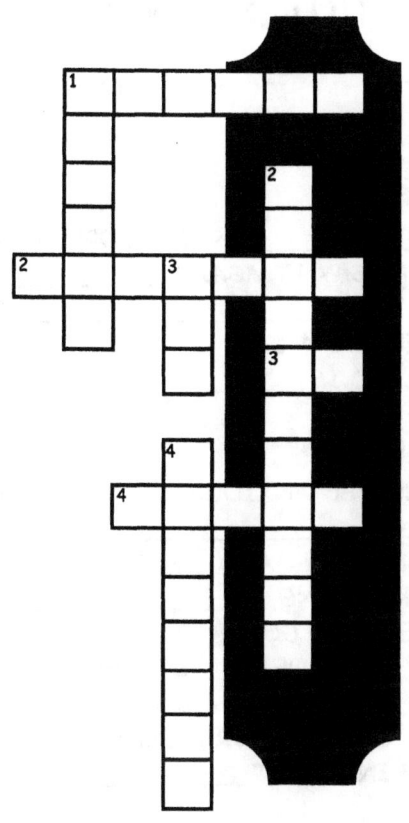

DO NOT BE ANXIOUS

PHILIPPIANS 4:4–7

ACROSS

1. "_____ IN THE LORD ALWAYS."
2. "I WILL SAY IT AGAIN: _____!"
3. "LET YOUR _____ BE EVIDENT TO ALL."
4. "THE LORD IS _____."

DOWN

1. "DO NOT BE ANXIOUS ABOUT ANYTHING, BUT IN _____."
2. "BY PRAYER AND PETITION, WITH THANKSGIVING, _____ YOUR REQUESTS TO GOD."
3. "AND THE PEACE OF GOD, WHICH _____ ALL UNDERSTANDING."
4. "WILL GUARD YOUR HEARTS AND YOUR MINDS IN CHRIST _____."

DO NOT WORRY

USING THE WORDS LISTED BELOW, FILL IN THE BOXES ON THE NEXT PAGE.

THEREFORE	SHALL
ABOUT	DAY
RIGHTEOUSNESS	AS
TROUBLE	WORRY
HEAVENLY	PAGANS
NOT	DO

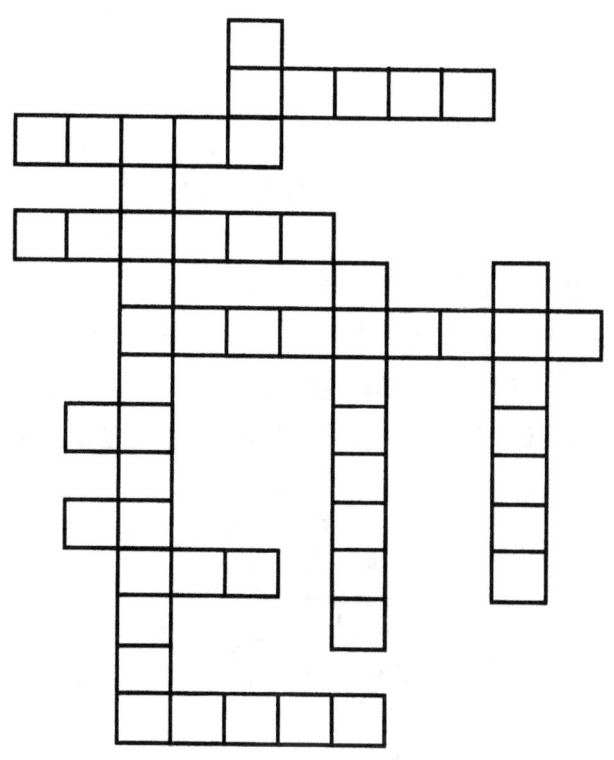

GOD CARES FOR ME

1 PETER 5:6–7

USING THE UNDERLINED WORDS BELOW, FILL IN THE BOXES ON THE NEXT PAGE.

"<u>HUMBLE</u> <u>YOURSELVES</u>, <u>THEREFORE</u>, UNDER GOD'S <u>MIGHTY</u> <u>HAND</u>, <u>THAT</u> HE MAY LIFT YOU UP IN DUE <u>TIME</u>. <u>CAST</u> ALL YOUR <u>ANXIETY</u> ON HIM <u>BECAUSE</u> HE <u>CARES</u> FOR <u>YOU</u>."

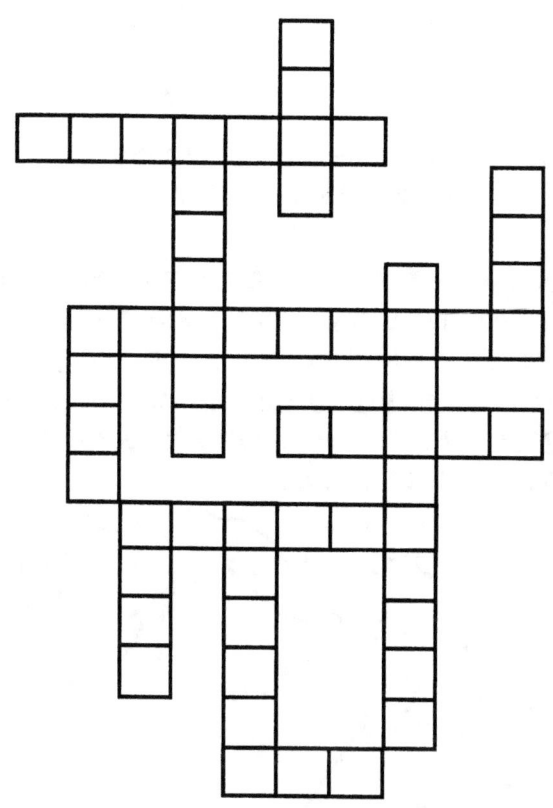

ASK, SEEK, KNOCK

MATTHEW 7:7–8

USING THE UNDERLINED WORDS BELOW, FILL IN THE BOXES ON THE NEXT PAGE.

"'<u>ASK</u> AND IT WILL BE <u>GIVEN</u> TO YOU; <u>SEEK</u> AND YOU WILL <u>FIND</u>; <u>KNOCK</u> AND THE <u>DOOR</u> WILL BE OPENED TO YOU. FOR <u>EVERYONE</u> WHO <u>ASKS</u> <u>RECEIVES</u>; HE WHO <u>SEEKS</u> <u>FINDS</u>; AND TO HIM WHO <u>KNOCKS</u>, THE DOOR WILL BE OPENED.'"

GO TO GOD

MATTHEW 11:28–30

ACROSS
1. "'COME TO ME, ALL YOU WHO ARE WEARY AND _____.'"
2. "'AND I WILL GIVE YOU _____.'"
3. "'TAKE MY YOKE _____ YOU.'"
4. "'AND _____ FROM ME.'"

DOWN
1. "'FOR I AM GENTLE AND _____ IN HEART.'"
2. "'AND YOU WILL FIND REST FOR YOUR _____.'"
3. "'FOR MY _____ IS EASY.'"
4. "'AND MY _____ IS LIGHT.'"

ASK YOURSELF

WHAT HAVE YOU LEARNED SO FAR? FIND OUT BY ANSWERING THE QUESTIONS BELOW.

1. WHAT ARE WE NOT TO BE ANXIOUS ABOUT?

    PHILIPPIANS 4:6-7

    _____

2. WHAT SHOULD WE BRING TO GOD?

    PHILIPPIANS 4:6-7

    _____

3. WHAT DOES THE PEACE OF GOD GUARD IN OUR LIVES?

    PHILIPPIANS 4:6-7

    _____

4. WHAT ARE WE TO DO WHEN WE ARE ANXIOUS?

1 PETER 5:7

_____

5. WHY CAN WE DO THIS?

1 PETER 5:7

_____

6. WHO IS THE TRUE SOURCE OF EVERYTHING WE NEED?

MATTHEW 6:31-34

_____

CALL TO GOD

USING THE WORDS LISTED BELOW, FILL IN THE BOXES ON THE NEXT PAGE.

ABUNDANT ANSWER
CALL SECOND
UNSEARCHABLE HEAL
THINGS GOD
GREAT KNOW

THE FATHER

JAMES 1:16–18

ACROSS

1. "DON'T BE _____, MY DEAR BROTHERS."
2. "EVERY GOOD AND _____ GIFT IS FROM ABOVE."
3. "COMING DOWN FROM THE _____ OF THE HEAVENLY LIGHTS."
4. "WHO DOES NOT CHANGE LIKE _____ SHADOWS."

DOWN

1. "HE _____ TO GIVE US BIRTH."
2. "_____ THE WORD OF TRUTH."
3. "THAT WE MIGHT BE A KIND OF _____."
4. "OF ALL ____ CREATED."

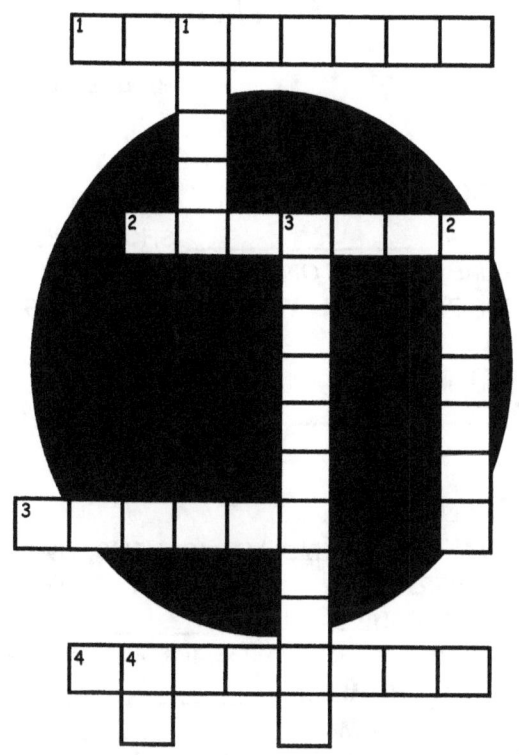

MY ATTITUDE

PHILIPPIANS 2:5-8

ACROSS

1. "YOUR _____ SHOULD BE THE SAME AS THAT OF CHRIST JESUS."
2. "WHO, BEING IN VERY _____ GOD."
3. "DID NOT _____ EQUALITY WITH GOD."
4. "_____ TO BE GRASPED."

DOWN

1. "BUT MADE HIMSELF NOTHING, TAKING THE VERY _____ OF A SERVANT."
2. "BEING MADE IN HUMAN _____."
3. "AND BEING FOUND IN APPEARANCE AS A MAN, HE HUMBLED _____."
4. "AND BECAME _____ TO DEATH—EVEN DEATH ON A CROSS!"

307

WAIT FOR THE LORD

USING THE WORDS LISTED BELOW, FILL IN THE BOXES ON THE NEXT PAGE.

WAIT
STRAIGHT
STRONG
TAKE
LORD
DESIRE

LIVING
HEART
LAND
BREATHING
GOODNESS
OVER

MORE THAN I CAN IMAGINE
EPHESIANS 3:20-21

USING THE UNDERLINED WORDS BELOW, FILL IN THE BOXES ON THE NEXT PAGE.

"NOW TO <u>HIM</u> WHO IS <u>ABLE</u> TO DO <u>IMMEASURABLY</u> MORE THAN ALL WE ASK OR <u>IMAGINE</u>, ACCORDING TO HIS <u>POWER</u> THAT IS AT WORK <u>WITHIN</u> US, TO HIM BE <u>GLORY</u> <u>IN</u> THE CHURCH AND IN <u>CHRIST</u> JESUS <u>THROUGHOUT</u> ALL <u>GENERATIONS</u>, FOR EVER AND <u>EVER</u>! AMEN."

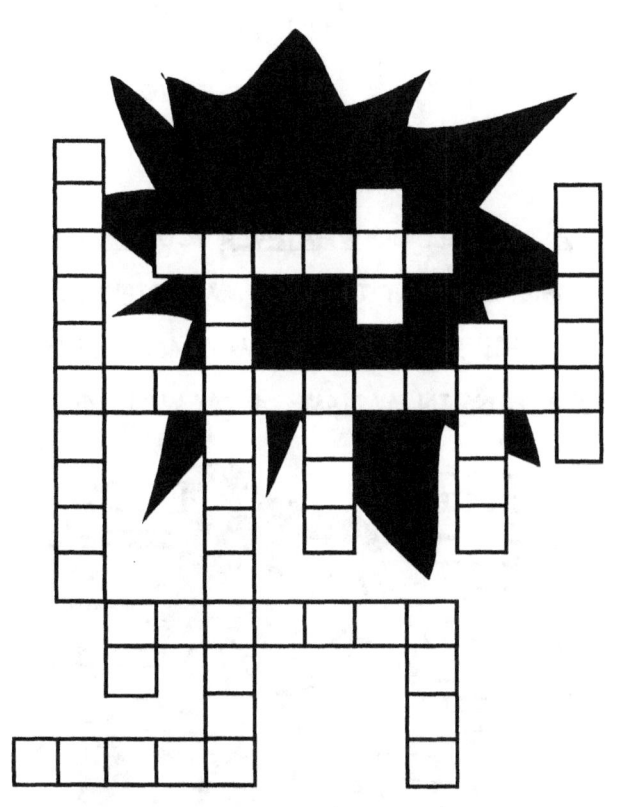

HE WILL DO IT

JOHN 14:13–14

"'<u>AND</u> I WILL DO <u>WHATEVER</u> YOU <u>ASK</u> IN MY <u>NAME</u>, SO THAT THE <u>SON</u> MAY <u>BRING</u> <u>GLORY</u> TO THE <u>FATHER</u>. YOU MAY ASK <u>ME</u> FOR <u>ANYTHING</u> IN MY <u>NAME</u>, AND I WILL <u>DO</u> IT.'"

HOPE

ROMANS 15:1-4

ACROSS

1. "WE WHO ARE STRONG OUGHT TO BEAR WITH THE FAILINGS OF THE WEAK AND NOT TO PLEASE _____."
2. "EACH OF US SHOULD PLEASE HIS _____ FOR HIS GOOD, TO BUILD HIM UP."
3. "FOR EVEN CHRIST DID NOT PLEASE HIMSELF BUT, AS IT IS _____."
4. "'THE INSULTS OF THOSE WHO INSULT YOU HAVE _____ ON ME.'"

DOWN

1. "FOR _____ THAT WAS WRITTEN IN THE PAST."
2. "WAS _____ TO TEACH US."
3. "SO THAT THROUGH ENDURANCE AND THE _____ OF THE SCRIPTURES."
4. "WE _____ HAVE HOPE."

ABRAHAM

GENESIS 12:1–3

ACROSS

1. "THE LORD HAD SAID TO _____."
2. "'LEAVE YOUR COUNTRY, YOUR PEOPLE AND YOUR _____ HOUSEHOLD AND GO TO THE LAND I WILL SHOW YOU.'"
3. "'I WILL MAKE YOU INTO A GREAT _____.'"
4. "'AND I _____ BLESS YOU.'"

DOWN

1. "'I WILL MAKE YOUR NAME _____.'"
2. "'AND YOU WILL BE A _____.'"
3. "'I WILL BLESS THOSE WHO BLESS YOU, AND WHOEVER CURSES YOU I _____ CURSE.'"
4. "'AND ALL PEOPLES ON EARTH _____ BE BLESSED THROUGH YOU.'"

MOSES

USING THE WORDS LISTED BELOW, FILL IN THE BOXES ON THE NEXT PAGE.

TELLING	FAVOR
MOSES	FAVOR
NAME	SEND
CONTINUE	WITH
LEAD	REMEMBER
TEACH	PLEASED

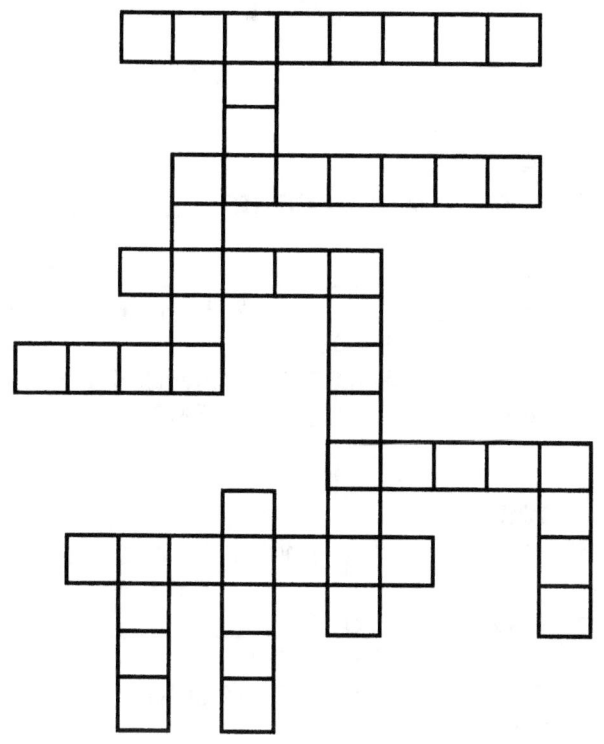

PAUL

EPHESIANS 3:16–18

ACROSS

1. "I PRAY THAT OUT OF HIS _____ RICHES."
2. "HE MAY _____ YOU."
3. "WITH _____ THROUGH HIS SPIRIT IN YOUR INNER BEING."
4. "SO THAT CHRIST MAY DWELL IN YOUR HEARTS _____ FAITH."

DOWN

1. "AND I PRAY THAT YOU, BEING ROOTED AND _____ IN LOVE."
2. "MAY HAVE POWER, _____ WITH ALL THE SAINTS."
3. "TO GRASP HOW WIDE AND LONG AND HIGH AND _____."
4. "IS _____ LOVE OF CHRIST."

ASKING OTHERS TO PRAY

COLOSSIANS 4:3–4

USING THE UNDERLINED WORDS BELOW, FILL IN THE BOXES ON THE NEXT PAGE.

"<u>AND</u> PRAY FOR <u>US</u>, TOO, THAT <u>GOD</u> <u>MAY</u> OPEN A DOOR FOR OUR <u>MESSAGE</u>, SO THAT WE <u>MAY</u> PROCLAIM THE <u>MYSTERY</u> OF <u>CHRIST</u>, FOR WHICH I AM IN <u>CHAINS</u>. PRAY THAT I MAY <u>PROCLAIM</u> IT <u>CLEARLY</u>, AS I <u>SHOULD</u>."

ASK YOURSELF

WHAT HAVE YOU LEARNED SO FAR? FIND OUT BY ANSWERING THE QUESTIONS BELOW.

1. WHEN WE WORRY ABOUT THINGS, WHERE IS OUR FOCUS?
MATTHEW 6:31-34

___

2. WHAT ARE WE TO BE SEEKING AFTER?
MATTHEW 6:33

___

3. CAN WE COUNT ON GOD TO MEET ALL OUR NEEDS?
JOHN 14:13-14

___

4. WHAT DOES JESUS TELL US TO DO?
MATTHEW 7:7

---

5. WILL GOD GIVE US ANYTHING BAD WHEN WE ASK HIM FOR THINGS?
MATTHEW 7:11

---

6. IN WHAT SITUATIONS ARE WE TO PRAY IN THE SPIRIT?
EPHESIANS 6:18

FAITHFUL IN PRAYER

USING THE WORDS LISTED BELOW, FILL IN THE BOXES ON THE NEXT PAGE.

PATIENT
PRACTICE
AFFLICTION
HOSPITALITY
FAITHFUL

PEOPLE
SHARE
JOYFUL
WITH
PRAYER

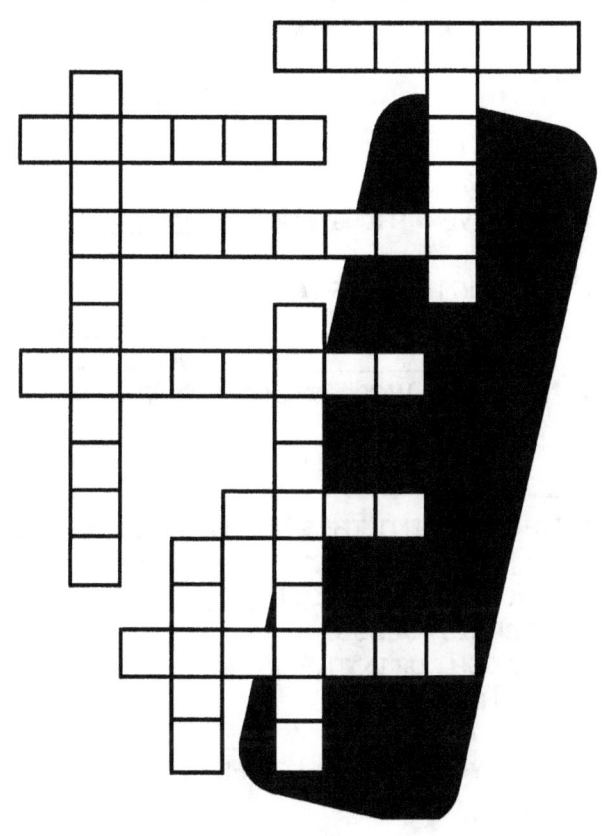

GOD CREATED

1 TIMOTHY 4:4–6

ACROSS

1. "FOR EVERYTHING GOD _____ IS GOOD."
2. "AND NOTHING IS TO BE REJECTED IF IT IS RECEIVED WITH _____."
3. "_____ IT IS CONSECRATED."
4. "BY _____ WORD OF GOD AND PRAYER."

DOWN

1. "IF YOU POINT THESE THINGS OUT TO THE _____."
2. "YOU WILL BE A GOOD _____ OF CHRIST JESUS."
3. "BROUGHT UP IN THE _____ OF THE FAITH."
4. "AND OF THE GOOD _____ THAT YOU HAVE FOLLOWED."

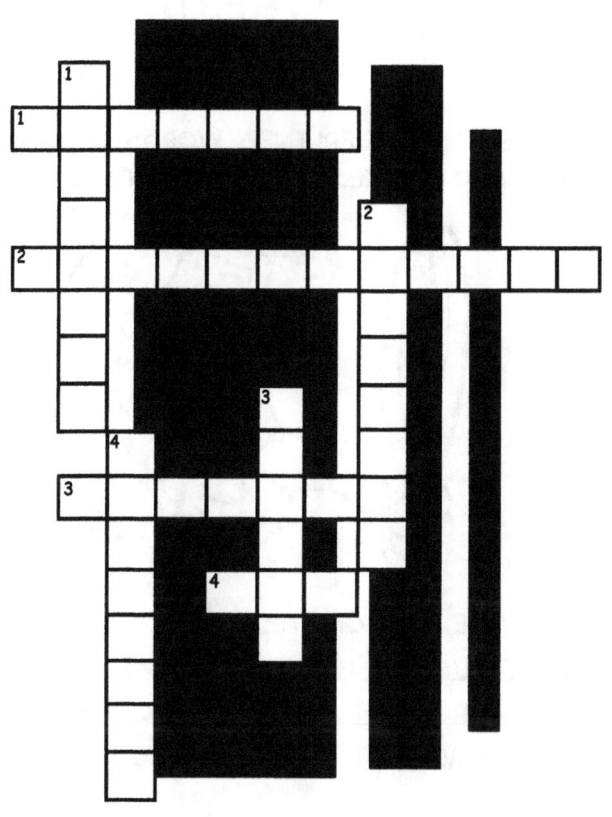

EYES OF THE LORD

1 PETER 3:12

USING THE UNDERLINED WORDS BELOW, FILL IN THE BOXES ON THE NEXT PAGE.

"'FOR THE <u>EYES</u> OF THE <u>LORD</u> ARE ON THE <u>RIGHTEOUS</u> AND <u>HIS</u> <u>EARS</u> ARE <u>ATTENTIVE</u> TO <u>THEIR</u> <u>PRAYER</u>, <u>BUT</u> THE <u>FACE</u> OF THE LORD IS <u>AGAINST</u> <u>THOSE</u> WHO DO EVIL.'"

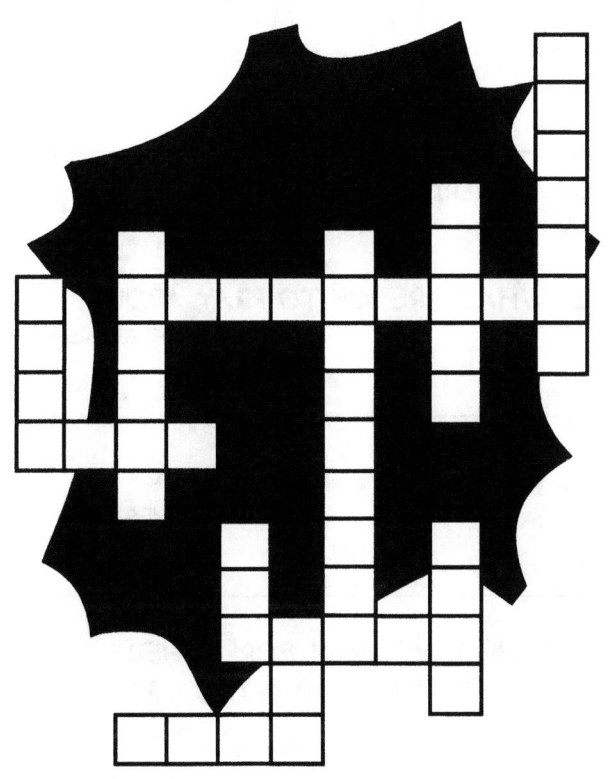

331

ASK YOURSELF

WHAT HAVE YOU LEARNED SO FAR? FIND OUT BY ANSWERING THE QUESTIONS BELOW.

1. WHAT ARE WE TO PRAY ABOUT?
   EPHESIANS 6:18

   _____

2. WHO ARE WE TO PRAY FOR?
   EPHESIANS 6:18

   _____

3. WHEN WE PRAY FOR OTHERS, WHO ARE WE NOT THINKING OF?
   PHILIPPIANS 2:2

   _____

4. WHAT DID PAUL URGE TIMOTHY TO DO?

1 TIMOTHY 2:1

___

5. WHAT LEADERS SHOULD WE PRAY FOR?

1 TIMOTHY 2:2

___

6. WHY ARE WE TO PRAY FOR OUR LEADERS?

1 TIMOTHY 2:2

___

PRAYER IS...

SO... WHAT IS PRAYER? IT IS **TALKING** WITH GOD, WITH OUR HEAVENLY FATHER WHO LOVES US.

PRAYER IS ABOUT GOING TO GOD AND TALKING WITH HIM ABOUT WHAT IS GOING ON IN OUR DAILY LIVES. WE CAN TALK TO HIM ABOUT EVERYTHING, AND NEVER DO WE HAVE TO HIDE ANYTHING OR THINK THAT THERE ARE SOME THINGS WE CAN'T BRING TO HIM.

GOD ANSWERS **ALL** OUR PRAYERS. THE ANSWER MAY BE "YES" OR IT MAY BE "NO." AT OTHER TIMES, THE ANSWER COULD BE "WAIT."

PRAYER IS NOT ABOUT US JUST TALKING TO GOD—WE MUST ALSO LEARN TO *LISTEN* AS GOD SPEAKS TO US THROUGH HIS SPIRIT AND HIS WORD.

NO MATTER HOW THE LORD ANSWERS OUR PRAYERS, WE CAN ALWAYS BE SURE THAT HE HAS OUR BEST INTERESTS IN MIND. HE IS OUR LOVING FATHER WHO FAITHFULLY TAKES CARE OF HIS CHILDREN, AND HE *ALWAYS* HEARS US AND *ALWAYS* ANSWERS ACCORDING TO HIS WILL AND PURPOSE FOR OUR LIVES.

PRAYER ISN'T SO CONFUSING AFTER ALL, IS IT? IT IS SIMPLY TALKING AND LISTENING TO YOUR BEST FRIEND. . .THE ONE WHO LOVES YOU AND WANTS *ONLY* THE VERY BEST FOR YOU.

FOR YOU. . .HIS CHILD!

Word Search Answers

PG.7

PG.9

PG.11

PG.13

PG.15

CONTINUED	YOU
BELOW	ABOVE
WORLD	THIS

PG.17

HEAVEN	SENT
LOSE	GIVEN
RAISE	BELIEVES

PG.19

PG. 21

PG. 23

PG. 25

PGS. 26—27

ASK YOURSELF
ANSWERS

1. THE WORD WAS IN THE BEGINNING.

2. THE WORD WAS WITH GOD.

3. JESUS WAS THE WORD.

4. JESUS WAS FROM HEAVEN.

5. HE IS THE FATHER'S SON.

6. GOD, THE SON.

PG.29

JESUS	CRIED
BELIEVES	SENT
LOOKS	SEES

PG.31

ANSWERED	WAY
COMES	REALLY
NOW	KNOW

PG.33

PG.35

PG. 37

PG. 39

PG. 41

ENEMIES	RECONCILED
DEATH	MORE
SAVED	LIFE

PG. 43

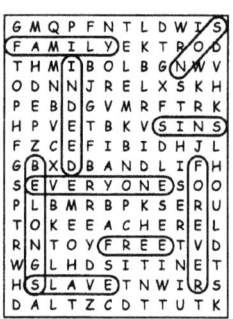

PG.45

JOHN	JESUS
LOOK	LAMB
WORLD	TESTIFY

```
S O B P Q P E R E A C I
B G C E G R O J W F Q J
R L O O K I H D O J S O
U P K A B M X Y R B T H
A B Y L T N T D L M D N
K R J I S E A D D B L G
T E S T I F Y O S N B O
F P J O J G B R V S F S
J E S U S O B L A M B P
T M E C C P L B T P V E
```

PG.47

PG.49

PG.51

PGS. 52–53

ASK YOURSELF
ANSWERS

1. THE LAMB OF GOD, WHO TAKES AWAY THE SINS OF THE WORLD.

2. THAT MEN DO NOT BELIEVE IN JESUS.

3. ETERNAL LIFE.

4. GOD FORGAVE THEM.

5. BY THE DEATH OF JESUS.

6. YES! ALL OF THEM.

PG. 55

THIEF	STEAL
KILL	DESTROY
COME	FULL

PG. 57

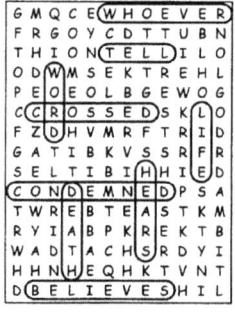

PG. 59

DECLARED	KINGDOM
BORN	FLESH
BIRTH	SPIRIT

PG.61

PG.63

FATHER	COUNSELOR
TRUTH	LIVES
WORLD	LIVE

PG.65

THEREFORE	ANYONE
NEW	CREATION
OLD	COME

PG.67

PG.69

PG.71

PG.73

PGS.74–75

ASK YOURSELF
ANSWERS

1. YOU MUST BE BORN AGAIN.

2. SPIRITUAL BIRTH.

3. RECEIVE JESUS CHRIST AS YOUR SAVIOR.

4. NO. SPIRITUAL BIRTH IS FROM GOD.

5. NO!

6. NO...IT IS IMPOSSIBLE.

PG.77

```
V M Q C E V T N W I K L
F I G O Y B E A R U B N
T H N O N T L D W N L O
O D B E S E K T R O H L
P E K E O F R U I T O G
H P T O R E L X S H U O
F Z L H V M R F T I L D
G R E M A I N S S N D R
S E L T I B E D H G T D
P L P F A H D L I P S A
T W R V C T E M S T K M
R M A N B P K S E K T B
W A A B A C A P A R T I
H R N C E Q H K T V N T
B A C R S I T I N H I L
```

PG.79

EYES	AUTHOR
PERFECTER	FAITH
ENDURED	THRONE

```
S O B P Q F E R E A C I
E Y E S G A O J A F Q J
R S T A N I H D B J S D
V P K A B T H R O N E A
A B Y L T H T D E M D U
P E R F E C T E R B L T
T W E R J U V O S N B H
F P J O J G B R V S F O
J E N D U R E D C J E R
T M E C C P L B T P V E
```

PG.81

RECONCILED	MINSTRY
WORLD	COUNTING
COMMITTED	MESSAGE

PG.83

PG.85

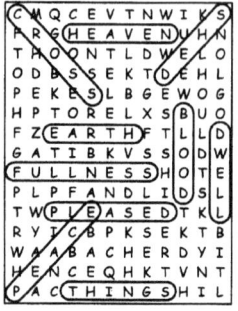

PG.87

RECEIVED	BELIEVED
RIGHT	CHILDREN
BORN	WILL

PG.89

PG.91

PG.93

PG.95

```
C Y P L E A S I N G M Y
B L E M I S H C D S D M
K M J R J E A Q D E S P
K H S E P D R U T U B D
I A R G R E M E M B E R
N I N J S A T I T S T F
G T M C A L L E D H N I
S A C R I F I C E G Q R
T J Z G G E H U M U U M
E H A G N B N M E L S W
C O N D E M N A T I O N
O L A C S R V C A X W N
N Y L P P I C T E S T R
O S W R V B N D X U S D
M N Y T H A N K S V R X
```

PG.97

PGS.98—99

ASK YOURSELF
ANSWERS

1. JESUS CHRIST.

2. DEPEND ONLY ON JESUS.

3. KEEP YOUR MIND AND HEART FOCUSED ON HIM.

4. HE SENT US HIS SON.

5. THE HOLY SPIRIT IS GOD!

6. HE WOULD LIVE IN OUR HEARTS.

PG.101

PG.103

PG.105

WORKS	REQUIRES
ANSWERED	BELIEVE
ONE	SENT

PG.107

PG.109

PG.111

PG.113

COMMAND	NAME
CHRIST	LOVE
ANOTHER	COMMANDED

PG.115

PG.117

PG.119

FEAR	PERFECT
DRIVES	BECAUSE
PUNISHMENT	LOVED

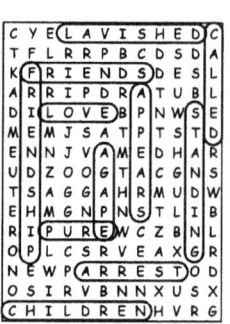

PG.121

KNOW	THINGS
WORKS	GOOD
CALLED	PURPOSE

PG.123

PG.125

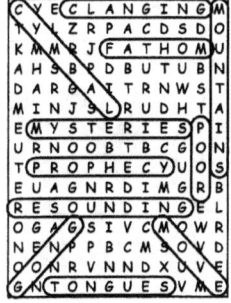

PG.127

PGS.128—129

ASK YOURSELF
ANSWERS

1. HE GUIDES US INTO ALL TRUTH.

2. JESUS IS THE TRUTH.

3. THE WORD IS TRUTH.

4. THE SPIRIT IS THE SOURCE OF LIFE.

5. THE FLESH COUNTS FOR NOTHING.

6. THE FLESH CANNOT PRODUCE THE FRUIT OF THE SPIRIT.

PG.131

PG.133

PG.135

PLEASE	ANYONE
COMES	EXISTS
REWARDS	SEEK

PG.137

PG.139

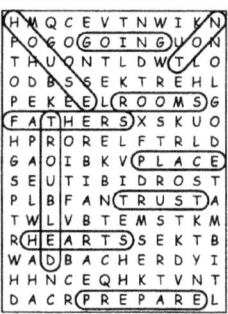

PG.141

BEING	WHAT
CERTAIN	SEE
ANCIENTS	COMMENDED

```
S O B P Q P E R E A C A
E G C E R T A I N F Q N
R S T A N B H D B J S C
V P K A B E X Y B B T I
W H A T T I T D R M D E
N R J I S N A D E B L N
T W E R J G V O S N B T
C O M M E N D E D S F S
J Q D H T O B U C J E P
T M E C C P L B S E E G
```

PG.143

PG.145

HAVE	PRIEST
THROUGH	HEAVENS
FIRMLY	PROFESS

PG.147

PG.149

PG.151

PG.153

PG.155

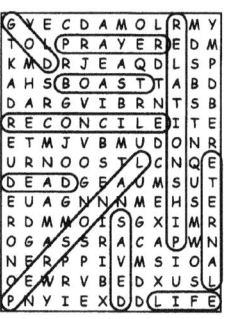

PG.157

DOWN	YOUNG
EXAMPLE	BELIEVERS
SPEECH	PURITY

```
S O B B Q P E M U T P V
E G C E G P U R I T Y I
Y S T L N I H R E T Y J
O P K I B M X S I J S D
U B Y E T N T P B B T E
N R J V S E A E B M D E
G W E E J U V E E B O G
F P J R J G B C E N W O
J Q D S T O B H S S N S
T M E E X A M P L E E P
```

PG.159

PG.161

PG.163

PG.165

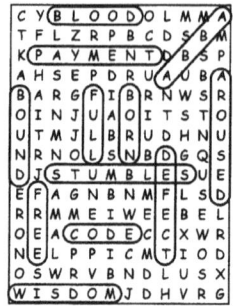

PGS.166—167

ASK YOURSELF
ANSWERS

1. TO BELIEVE IN JESUS.

2. WE MUST HAVE FAITH.

3. IT IS A GIFT FROM GOD.

4. A CHRISTIAN WILL HAVE TROUBLE.

5. IN HIS LOVE.

6. IT DEVELOPS PERSEVERANCE.

Crossword Answers

PG.179

PG.181

PG.183

PG.185

PG. 187

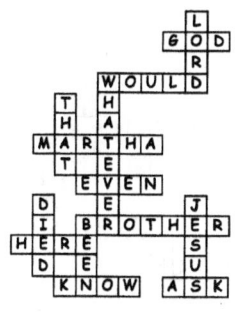

PGS. 188-189

ASK YOURSELF
ANSWERS

1. PRAYER.

2. BE WATCHFUL AND THANKFUL.

3. PRAYER.

4. ALL NIGHT.

5. THE MOUNTAINSIDE.

6. TO PRAY.

PG. 191

PG. 193

PG. 195

PG. 197

PG. 199

PG. 201

PG.203

PG.205

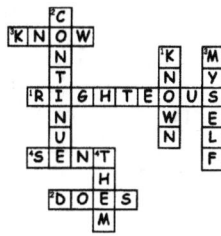

PGS.206-207

ASK YOURSELF
ANSWERS

1. TO GLORIFY HIS SON.

2. TO GLORIFY THE FATHER.

3. TO KNOW THE FATHER AND CHRIST.

4. FOR THOSE WHO BELIEVE.

5. THAT THEY MAY BE ONE.

6. TO BE WITH HIM AND SEE HIS GLORY.

PG.209

PG.211

PG.213

PG.215

PG.217

PG. 219

PGS. 220-221

TEST YOURSELF
ANSWERS

1. THE THRONE OF GRACE.

2. WITH CONFIDENCE.

3. IN OUR TIME OF NEED.

4. GRACE TO HELP US.

5. NO.

6. THE SPIRIT OF SONSHIP.

PG. 223

PG. 225

PG.227

PG.229

PG.231

PG.233

PG. 235

PG. 237

PG. 239

PG. 241

PG.243

PG.245

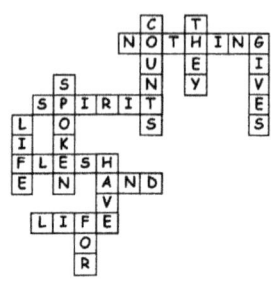

PGS.246-247

ASK YOURSELF
ANSWERS

1. TO BE SEEN BY MEN.

2. IN SECRET.

3. HE WILL REWARD THEM.

4. THEY KEPT ON BABBLING.

5. THEIR MANY WORDS.

6. GOD KNOWS WHAT WE NEED BEFORE WE EVEN ASK HIM!

PG.249

PG. 251

PG. 253

PG. 255

PG. 257

PG.259

PG.261

PG.263

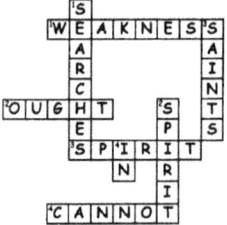

PGS.264-265

ASK YOURSELF
ANSWERS

1. TO ASK ANYTHING ACCORDING TO HIS WILL.

2. ON THINGS ABOVE.

3. ON THINGS ABOVE.

4. OFFER OUR BODIES AS LIVING SACRIFICES.

5. OUR SPIRITUAL ACT OF WORSHIP.

6. WHAT GOD'S WILL IS.

PG.267

PG.269

PG.271

PG.273

PG.275

PG.277

PG.279

PGS.280-281

ASK YOURSELF
ANSWERS

1. ALL CIRCUMSTANCES.

2. TO GIVE THANKS.

3. JESUS CHRIST.

4. THE LORD JESUS CHRIST.

5. JESUS CHRIST.

6. ON JESUS CHRIST.

PG.283

PG.285

PG.287

PG.289

PG.291

PG.293

PG.295

PG.297

PG.299

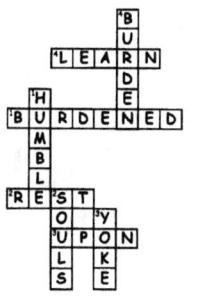

PGS.300-301

ASK YOURSELF
ANSWERS

1. ANYTHING.

2. OUR REQUESTS.

3. OUR HEARTS AND MINDS.

4. GIVE THE ANXIETY TO GOD.

5. BECAUSE GOD CARES FOR US.

6. THE HEAVENLY FATHER.

PG.303

PG.305

PG.307

PG.309

PG.311

PG.313

PG.315

PG.317

PG.319

PG.321

PG. 323

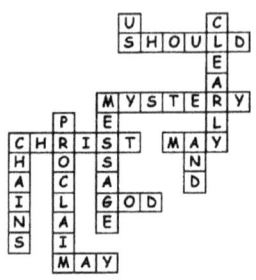

PGS. 324-325

ASK YOURSELF
ANSWERS

1. ON OUR NEEDS.

2. GOD'S KINGDOM AND RIGHTEOUSNESS.

3. YES!

4. ASK, SEEK, KNOCK.

5. NO.

6. IN ALL SITUATIONS.

PG. 327

PG. 329

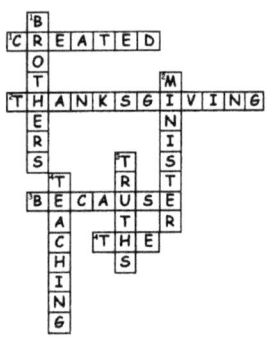

PG. 331

Crossword answers:
- AGAINST
- THOSE
- PRAYER
- FACE
- RIGHTEOUS
- ATTENTIVE
- EYES
- BUT
- THEIR
- LORD
- EARS

PGS. 332-333

ASK YOURSELF
ANSWERS

1. EVERYTHING.

2. ALL THE SAINTS.

3. OURSELVES.

4. REQUESTS, PRAYERS, INTERCESSION, AND THANKSGIVING BE MADE FOR EVERYONE.

5. FOR ALL THOSE IN AUTHORITY.

6. THAT WE MAY LIVE PEACEFUL AND QUIET LIVES.

If you enjoyed *Super Bible Word Games for Kids*, check out these other books from Barbour Publishing!

Super Bible Picture Fun for Kids
978-1-64352-842-7

Super Bible Crosswords for Kids
978-1-64352-843-4

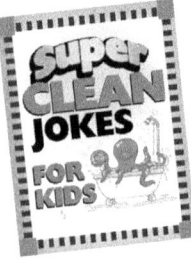

Super Clean Jokes for Kids
978-1-64352-839-7

384 pages of fun in each book. . .for only $14.99!
Available on Amazon.com

www.ingramcontent.com/pod-product-compliance
Lightning Source LLC
LaVergne TN
LVHW051541070426
835507LV00021B/2349